はじめに

令和7年度から、大学入学共通テストに「情報Ⅰ」が導入されます。将来の受験生の皆さんは、「情報Ⅰ」の勉強も既に始められていることでしょうが、実際に問題を解いてみないと不安でしょう。

本書では、大学入学共通テストの「情報Ⅰ」のサンプル問題とその後に公表された試作問題及び参考問題を取り上げ、その攻略法を徹底的に解説します。

情報技術に関する国家試験である基本情報技術者試験やITパスポート試験などの指導経験や、書籍の執筆経験を活かして、情報Ⅰ問題の解き方をできるだけかみ砕いて、わかりやすく説明しました。

本書を通して、来るべき大学入学共通テストの突破にお役に立てましたら幸いです。

2023年4月　近藤　孝之

目　次

●　　　　　　　　　　　プリ単語帳のご

いつでもどこでも暗記できるWebアプリ「情報Ⅰ用語暗記帳200」をご利用いただけます。
手順については、下記「本書のご案内ページURL」にアクセスして「特典」コーナーをご参照ください。

●電子版の無料ダウンロード

・本文全文の電子版（PDF。印刷不可）をダウンロード提供します。
・答案用紙のPDF（印刷可能）をダウンロード提供します。
・PDFのダウンロードについては，下記のURLにアクセスして「特典」コーナーをご確認ください。

●本書のご案内ページ URL

https://book.impress.co.jp/books/1122101180

※読者限定特典の提供期間は、本書発売より3年間を予定しています。
※特典のご利用時に無料の読者会員システム「CLUB Impress」への登録が必要となります。
※特典のご利用は、本書の新刊購入者に限ります。

まず、プログラミング言語を勉強してみます。独立行政法人大学入試センターが公表している共通テスト手順記述標準言語(DNCL)について学びます。

ちなみに、大学入試センターではDNCLの意味を明らかにしていませんが、「Daigaku Nyushi Center Language(言語)」の略ではないかと思われます。

第1節　変数と代入文

変数とは、メモリに名前を付けたものです。

■変数

電卓のメモリを使ったことがあるでしょうか？　スマホの計算機にはメモリがないものもありますが、手のひらサイズの電卓なら、たいていメモリはあります。 M+ キーで計算結果(電卓の表示窓に表示される数字)を積算し、 MR キーでメモリの中身を表示させることができます。メモリは、このように機械がデータを記憶(Memory)するものです。

普通の電卓の場合は、メモリは一つだけですが、コンピュータにはメモリがたくさんあります。そこで、一つひとつを区別するために名前を付けます。これが、**変数**です。

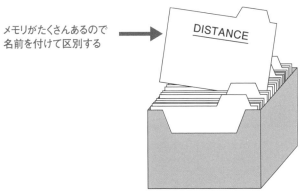

メモリがたくさんあるので名前を付けて区別する　→　DISTANCE

コンピュータには大量のメモリがある

変数の図 (プログラム中では変数、実体はメモリ)

例えば、スマホは電話番号を覚えていてくれますが、これもメモリに記憶されています。仮に「佐藤一郎」さんの電話番号が「01234567890」であったとすれば、「佐藤一郎」が変数に付けられた名前(**変数名**)で、その内容が「01234567890」だと思えばよいのです(実際には、「佐藤一郎」もメモリに保存されていますが)。

なお、

　「aという名前の付いたメモリ」

徹底攻略

大学入学共通テスト
情報I問題集
公開 サンプル問題・試作問題

近藤 孝之［著］

インプレス

インプレスの書籍ホームページ

書籍の新刊や正誤表など最新情報を随時更新しております。

https://book.impress.co.jp/

のことを

　　「**変数a**」

といいます。

　　DNCLでは、変数名は、「英字で始まる英数字と『_（アンダーバーまたはアンダースコア）』の並び」で
あるとしています。

　　例：ninzu , ninzu_goukei , Tensu

　　扱う値は、原則として10進数です。

■定数

　　プログラムの実行中に値の変化しないものを普通は**定数**といいます。DNCLでは定数という言葉は
使っていませんが、全て大文字の変数は、実行中に変化しない値を表すとされています。

　　例：TEISU

■配列

　　変数の仲間に配列というものがあります。**配列**は、

　　「番号の付いた変数の集まり」

です。

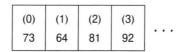

配列のイメージ

　　例えば、100人分のテストのデータを記録することを考えてみます。このとき、それぞれの変数に
A、B、C、…と100種類の名前を付けて管理するのは大変です。Aoki、Abe…などとしても同姓がい
ては難しくなります。
　　その点、配列は、

　　配列名[添え字]

という形をしていますので、「**添え字**」の部分である番号だけを変えればよいのです。プログラムも単純
になり、楽になります。テストのデータも、例えば添え字を出席番号に対応させればよいのです。
　　その代わり、コンピュータの世界では、添え字は「0」から始める場合が多いので、注意してください。
最初が「0」、2番目が「1」、3番目が「2」、…です。ただし、大学入試問題では、1から始まる添え字を扱
う場合もあります。

配列名は、変数名と同じですが、DNCLでは、「配列変数は先頭文字を大文字で開始し、通常の変数は小文字で開始する」としています。

例：Tensu[2]

■二次元配列

配列には、二次元配列というものもあります（場合によっては三次元以上も）。これは、添え字を2つ持ちます（三次元なら3つ）。

例：Tensu[1,2]

二次元配列は、上の例のように添え字を『,』で区切ります。これは、次のような二次元の表を表現するのに便利です。

二次元配列Tensuのイメージ

	0列	1列	2列
0行	Tensu[0,0]	Tensu[0,1]	Tensu[0,2]
1行	Tensu[1,0]	Tensu[1,1]	Tensu[1,2]
2行	Tensu[2,0]	Tensu[2,1]	Tensu[2,2]

■文字列

「文字の並び」のことを文字列といいます。文字列は、DNCLでは、『「（カギカッコ開き）』と『」（カギカッコ閉じ）』、または『"（ダブルクォート）』でくくって表します。

例：「発見しました」
例："発見しました"

■表示文

何かを表示する命令を**表示文**といいます。表示文では、数値や文字列や変数の値を表示することができます。表示文は「を表示する」と書きます。

例：「準備ができました」を表示する　　　　（「準備ができました」と表示される）

複数の値を表示する場合は「と」で区切って並べ、最後に「を表示する」と書きます。

例：ninzuと「人見つかった」を表示する　　（ninzuが4のとき、「4人見つかった」と表示される）
例："("とaと","とbと")"を表示する　　　　（aが4、bが-2のとき、「(4,-2)」と表示される）

■代入文

変数は、最初の値を定義してから使います。これを**初期化**といいます。変数に値を設定する文を**代入文**といい、次のように記述します。

例：ninzu ← 3
例：Tensu[3] ← 100
例：Tensuの全ての値を0にする
例：Tensu ← {3, 14, 15, 92}

　上の例は、普通のプログラミング言語では、例えば次のように記述します。DNCLでもこのように書くこともできます。

例：ninzu = 3
例：Tensu[3] = 100
例：Tensu = [0,0,0,0,0,0,0,0,0,0]
例：Tensu = [3, 14, 15, 92]

　また、代入文は『,』で区切りながら複数のものを横に並べて記述しますが、プログラムが読みにくくなるため、本書では取り扱いません。
　さらに、同じ変数に対する加算をインクリメント(Increment)、減算をデクリメント(Decrement)といい、次のように記述します。

例：『ninzuを1増やす』　　　　　　は『ninzu ← ninzu + 1』　　　　　　と同じです。
例：『zandakaをshishutsu減らす』は『zandaka ← zandaka - shishutsu』と同じです。

■外部からの入力

　外部から入力された値を代入するために、次のように記述することもあります。

例：a ← 【外部からの入力】

　例えば、キーボードから入力された値を変数aに受け取ることができます。

第2節　演算

　ここでは、算術演算と比較演算、そして論理演算について学びます。

■算術演算

　四則演算(加算・減算・乗算・除算)は順に『+』、『-』、『×』、『／』で指定します。一般的なプログラミング言語では乗算は『*』で表すのが普通ですが、DNCLでは『×』をそのまま使います。一方、除算については一般的なプログラミング言語と同じく『／』を使います。これらを演算子といいます。

例：kekka ← 9 ／ 2　　　　　(kekkaには4.5が代入されます)

　ただし、整数の除算には、商に『÷』、余りに『%』を使います。

例：sho ← 9 ÷ 2　　　　　　（shoには4が代入されます。4.5ではありません）

例：amari ← 9 ％ 2　　　　　（amariには1が代入されます）

　複数の演算子を使う場合、小学校で習ったように『×』、『／』は『＋』、『－』よりも先に計算されます。『÷』と『％』も『＋』、『－』よりも先です。それ以外は、左側から順に計算します。ただし、『(』と『)』で囲まれたものが先です。

例：heikin ← (ue + shita) ÷ 2は、heikin ← ue + shita ÷ 2とは異なります。

■比較演算

　数値の比較演算では、次のような**比較演算子**を使います。

比較演算子

意味	DNCL
aとbは等しい	a ＝ b
aとbは等しくない	a ≠ b
aはbより大きい	a ＞ b
aはb以上	a ≧ b
aはb以下	a ≦ b
aはbより小さい	a ＜ b

　演算の結果は、**真**(正しい、True)か**偽**(正しくない、False)のいずれかになります。

例：kaisu ＞ 5　　　　　　（kaisuが5より大きければ真、5以下なら偽です）

例：kosu × 3 ≦ 9　　　　（kosuの3倍が9以下なら真、9より大きければ偽です）

例：atai ≠ 0　　　　　　　（ataiが0でなければ真、0なら偽です）

　文字列の比較演算では、『＝』と『≠』を使うことができます。『＝』では両辺が同じ文字列なら真になり、そうでなければ偽になります。『≠』はその逆で、両辺が異なる文字列のときに真になり、同じ文字列なら偽になります。

例：「かきくけこ」＝「かきくけ」　　　（偽です）

例："abc"＝"abc"　　　　　　　　（真です）

例："abc"＝"ABC"　　　　　　　　（偽です）

例：「かきくけこ」≠「かきくけこ」　（偽です）

■論理演算

　論理演算は、前述の真か偽になる式に対する演算です。前述の式を『かつ』、『または』、『でない』の論理演算子で結合します。

X	Y	XかつY
0	0	0
0	1	0
1	0	0
1	1	1

X	Y	XまたはY
0	0	0
0	1	1
1	0	1
1	1	1

X	Xでない
0	1
1	0

『<式1>かつ<式2>』は、<式1>と<式2>の結果が共に真の場合にのみ真となり、いずれか片方でも偽なら(両方偽でも)偽となります。

例：ninzu ≧ 10 かつ ninzu ≦ 20　　　（ninzuが10以上20以下の場合にのみ真です。
　　　　　　　　　　　　　　　　　　　　ninzuが10未満または20より大きければ偽です）

ninzu	10未満	10以上20以下	20より大きい
結果	偽	真	偽

『<式1>または<式2>』は、<式1>と<式2>の結果がどちらか一方でも真なら真となり、両方偽のときにのみ偽となります。

例：ninzu ＜ 0 または ninzu ％ 3 ＝ 0　　　（ninzuが負の値か、あるいは3の倍数なら真です。
　　　　　　　　　　　　　　　　　　　　　正の値でかつ3の倍数でもなければ偽です）

ninzu	0よりい小さい	0以上で3の倍数	0以上で3の倍数ではない
結果	真	真	偽

『<式>でない』は、<式>の真偽を逆転させます。つまり、<式>が真なら偽になり、<式>が偽なら真になります。

例：ninzu ＞ 50 でない　　　（ninzuが50以下なら真です。50より大きければ偽です）

なお、これら3種の論理演算子には優先順位がなく、左側から順に実行されますが、『(』と『)』で囲まれたものは先になります。

例：ninzu ≧ 10 かつ ninzu ≦ 20 でない　　　は、
　　(ninzu ≧ 10 かつ ninzu ≦ 20) でない　　　と同じです(左側から順に実行されます)
例：ninzu ≧ 10 かつ ninzu ≦ 20　　　は、
　　ninzu ≧ 10 かつ (ninzu ≦ 20 でない)　　　とは異なります(『でない』が先に実行されます)

第3節　制御文

　プログラムは原則として上から下に実行されます(順次処理)が、この流れを変えるのが制御文です。条件分岐文(分岐処理)と繰返し文(繰返し処理)があります。
　プログラムは、この3つの処理のいずれかの構造をとります。

■条件分岐文

　条件分岐文は、**＜条件＞**が成り立つかどうかにより、実行する処理を切り替えます。

分岐処理

　上のようにプログラムの処理の流れを表す図を**フローチャート**(Flow Chart＝**流れ図**)といいます。
　さて、**＜条件＞**が成り立つときにのみ何らかの処理をし、**＜条件＞**が成り立たないときには何もしないのであれば、次のように『ならば』で指定します。

```
もし＜条件＞ならば
│　＜処理＞
を実行する
```

```
例：もし z ＞ 0 ならば
│　　m ← m ＋ z
│　　n ← n － z
　　を実行する
```

　上の**＜処理＞**が1行しかない場合は、全体を横1行で記述することもできますが、プログラムが読みにくくなるので、本書では取り扱いません。

　次に、**＜条件＞**が成り立つときにある処理をし、**＜条件＞**が成り立たないときには別の処理をするのであれば、次のように『ならば』と『そうでなければ』を組み合わせて指定します。

```
もし＜条件＞ならば
│　＜処理1＞
を実行し、そうでなければ
│　＜処理2＞
を実行する
```

例：もし z ＞ 0 ならば
  │　m ← m ＋ z
　を実行し、そうでなければ
  │　m ← m － z
　を実行する

　さらに、条件分岐の中で複数の条件によって処理を切り替えたい場合は、次のように『ならば』と『そうでなければ』との間に『そうでなくてもし』を使い、条件を追加します。

もし＜条件1＞ならば
  │　＜処理1＞
を実行し、そうでなくてもし＜条件2＞ならば
  │　＜処理2＞
を実行し、そうでなければ
  │　＜処理3＞
を実行する

例：もし tsuki ＝ 1 ならば
  │　matsu ← 31
　を実行し、そうでなくてもし tsuki ＝ 2 ならば
  │　matsu ← 28
　を実行し、そうでなければ
  │　matsu ← 30
　を実行する

　『そうでなくてもし』は、複数あっても構いませんし、なくても構いません。また、『そうでなければ』も、なくても構いません。

■条件繰返し文

　繰返し文には、**条件繰返し文**と順次繰返し文があります。まず、条件繰返し文について学びますが、これにはさらに前判定と後判定の2種類があります。

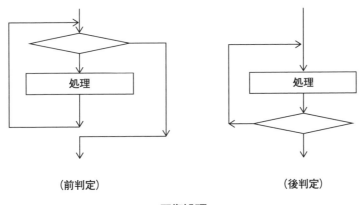

（前判定）　　　　　　　　　（後判定）

反復処理

■前判定の条件繰返し文

　前判定の条件繰返し文は、**＜条件＞**が成り立つ間、**＜処理＞**を繰り返します。最初に**＜条件＞**の判定が行われるため、**＜処理＞**が一度も実行されないこともあります。

```
＜条件＞の間
│　＜処理＞
を繰り返す
```

　　　例：z＜5の間
　　　　　│　z ← z＋1
　　　　　│　s ← s＋z
　　　　　を繰り返す

■後判定の条件繰返し文

　後判定の条件繰返し文は、**＜条件＞**が成り立つまで、**＜処理＞**を繰り返します。最後に**＜条件＞**の判定が行われるため、**＜処理＞**は最低一度は実行されます。

```
繰り返し、
│　＜処理＞
を、＜条件＞になるまで実行する
```

　　　例：繰り返し、
　　　　　│　z ← z＋1
　　　　　│　s ← s＋z
　　　　　を、z ≧ 5になるまで繰り返す

■順次繰返し文

　順次繰返し文は、**＜変数＞**の値を増やしながら（あるいは、減らしながら）、**＜処理＞**を繰り返します。

```
＜変数＞を＜初期値＞から＜終了値＞まで＜差分＞ずつ増やしながら（減らしながら）、
│　＜処理＞
を繰り返す
```

　具体的には、次の手順で実行されます（増やしながらの場合）。

　　1. **＜変数＞**に**＜初期値＞**が代入されます。
　　2. **＜変数＞**の値が**＜終了値＞**よりも大きければ、繰り返しを終了します。
　　3. そうでなければ、**＜処理＞**を実行し、**＜変数＞**の値に**＜差分＞**を加え、手順2に戻ります。

例：zを1から5まで1ずつ増やしながら、

$\quad \mid \quad$ s ← s ＋ z

$\quad \mid \quad$ t ← t － z

を繰り返す

『増やしながら』を『減らしながら』にすると、＜変数＞の値を＜初期値＞から＜差分＞ずつ減らしながら、その値が＜終了値＞よりも小さくなるまで繰り返します。

　順次繰返し文は、回数で考えた方が楽な場合に使います。前述の条件繰返し文は、回数はわからないけれど、条件で考えた方が楽な場合に使います。

　また、以上の繰り返しはループともいいます。ループ(Loop)とは「輪」のことで、繰り返しの間をペンでなぞると輪ができるからです（ちなみに、ズボンのベルトを通す輪もループです）。

　そして、順次繰返し文の毎回変化する変数を「ループ変数」ともいいます。上の例では、zがループ変数です。

▌第4節　関数

「再利用が可能な一連の処理」のことを関数といいます。

■関数

　スマホの計算機には関数がない場合が多いのですが、手のひらサイズの電卓にはたいてい $\boxed{\sqrt{\ }}$ キーがあります。これは、表示窓に出ている数値の平方根を求めるものです。

　平方根を求めるには多少複雑な処理が必要ですが、電卓ではキーを一度押すだけでこの計算をできるようにしているのです。

　プログラミング言語にも同じような機能がありますが、キーを押すのではなく、決まったキーワード（例えば、SQRT＝Square Root＝平方根）を記述します。これが関数です。

$\boxed{\sqrt{\ }}$ キーの付いた電卓

■関数の記述方法

　プログラムに値を返さない関数もありますが、これに対して、$\boxed{\sqrt{}}$キーのように値を返す関数があります。

　関数を意味するキーワードを「関数名」といいますが、プログラムから関数へ引き渡す値を「**引数**（ひきすう）」といい、逆に関数により返ってくる値を「**戻り値**（もどりち）」といいます。引数は、（　）の中に「,」で区切って並べます。

　例えば、値mのn乗の値を返す関数「べき乗(m , n)」があったとします。この戻り値を変数xに代入するとすれば、次のように記述します。

　　例：x ← べき乗(m , n)

引数と戻り値の図

　仮にmが2で、nが3だとすると、2の3乗、つまり8を計算しますから、xには8が代入されます。2と3が引数で、8が戻り値です。

　以上でDNCLの全てを学びました。ただ、試験対策としては、条件分岐文（もし〜ならば）と繰返し文（特に順次繰返し文＝ループ変数が＜初期値＞から＜終了値＞まで＜差分＞ずつ変化しながら）に注意しましょう。

第1章

サンプル問題

大学入学共通テスト
情報I

※出典：独立行政法人大学入試センター 公開問題「平成30年告示高等学校学習指導要領に対応した令和7年度大学入学共通テストからの出題教科・科目　情報　サンプル問題」

※147ページに答案用紙がありますので、ご利用ください。

情報Ⅰサンプル問題—第１問

第1章では、大学入試センターが公表している「情報サンプル問題」に取り組んでいきます。

下記は、出題者が提示する「サンプル問題」作成の趣旨です。最初にご確認ください。

作成の趣旨

- ● 本サンプル問題は、平成30年告示高等学校学習指導要領に対応して、令和7年度大学入学共通テストから新たに試験科目として設定することを検討している『情報』に関する試験問題について、具体的なイメージを共有するために作成・公表するものです。今後、大学入学者選抜としての適切な出題について引き続き検討することとしています。
- ● 本サンプル問題は、平成30年に改訂された高等学校学習指導要領「情報Ⅰ」に基づいて作成したものです。
- ● 本サンプル問題は、具体的なイメージの共有のために作成したものであるため、以下の点に十分御留意いただきますようお願いします。
  - ・「情報Ⅰ」の内容のうちの一部を出題範囲として作成したものであり、「情報Ⅰ」の全ての内容を網羅しているものではありません。
  - ・「情報Ⅰ」の教科書の検定中に作成した問題であるため、本サンプル問題は教科書と照合したものではありません。
  - ・『情報』の問題構成は未確定であり、今後、検討されるものであるため、本サンプル問題の構成は、実際の問題セットをイメージしたものではありません。
  - ・本サンプル問題は専門家により作成されたものですが、過去のセンター試験や大学入学共通テストと同様の問題作成や点検のプロセスを経たものではなく、また、実際の問題セットをイメージしたものや試験時間を考慮したものでもありません。令和7年度大学入学共通テストから『情報』が出題される際には、適切な分量と難易度のもとで問題セットが作成されることになります。
  - ・サンプル問題であるため、A4版で作成しています。※

※**本書はB5版で作成しています。**

第1問には、問1～問4があります。
問1は、おもにインターネットに関する出題となっています。

第1問 次の問い(問1～4)に答えよ。

問1

次の文章は、2011年の東日本大震災の後にまとめられた報告書「大規模災害等緊急事態における通信確保の在り方について」の一部である。この報告書を基にした先生と生徒の会話文を読み、空欄 ア ～ エ に入れるのに最も適当なものを、それぞれの解答群のうちから一つずつ選べ。ただし、空欄 ア ・ イ の順序は問わない。

近年の通信インフラ・ネットワークの発展により、インターネットを利用した多彩なサービス・アプリケーション(ソーシャルメディアサービス、動画配信サービス、動画投稿サイト、クラウドサービス等)が登場しており、今回の震災においては、インターネットを利用した安否確認、情報共有等の新たな取組が見られた。

例えば、a震災直後の音声通話・メール等がつながりにくい状況において、ソーシャルメディアサービスについては、安否確認を行う手段の一つとして個人に利用されるとともに、登録者がリアルタイムに情報発信するものであることから、震災に関する情報発信・収集のための手段として、個人や公共機関等に利用され、その有効性が示された。

また、各自治体から発表されている避難者名簿等の情報を集約し検索可能とするサイト、(省略)ボランティアや支援物資の送り手と受け手のニーズを引き合わせるマッチングサイトなどインターネットを利用した付加価値のある各種サービスが提供された。

さらに、b被災した自治体等に対してホームページ・メールサービスの提供や避難所の運営支援ツールをクラウド上で提供することも行われ、業務運営の確保や情報の保全にクラウドサービスが活用された。

その他、放送事業者が動画配信サイトに震災関連ニュースを提供し、インターネット上で配信した事例や個人が動画中継サイト上で被災地の様子をリアルタイムで配信した事例も見られた。

このようなインターネットの効果的な利用の一方で、今回の震災では、インターネット上で震災に関する様々な情報が大量に流通したことによる情報の取捨選択の必要や(省略)c情報格差の発生などの課題も生じたところである。このため、インターネットの活用事例の収集・共有に当たっては、インターネット利用に関する課題についても併せて共有できるようにすることが望ましい。

出典「大規模災害等緊急事態における通信確保の在り方について 最終取りまとめ」(一部改変)
大規模災害等緊急事態における通信確保の在り方に関する検討会(2011年)

会話文

先生：10年前の東日本大震災の時は、この報告書(下線a)にあるように電話やメールがつながりにくくなったようです。特に固定電話がつながりにくかったようだね。

生徒：多分、利用者からの発信が急増するから回線がパンクしてしまったのではないですか。でもSNSは利用できたのですね。

先生：通常通りとはいかなかったと思うけど、利用できたようだね。当時の固定電話の回線交換方式と違って、データ通信であるインターネット回線では ア したり イ したりするから、SNSは災害に強いメディアとして認識されるようになったんだよ。

生徒：こういう時にメリットが生かされたのですね。じゃあ、大きな災害の時は、よく使うこのSNSアプリで連絡を取れば良いですね。

先生：様々な被害が考えられるから複数の異なるメディアで情報を伝達することを考えた方が良いと思うよ。

生徒：分かりました。また、この報告書（下線c）にあるような情報格差は□ ウ □や経済的な格差によって生じますから、周りの人たちが互いに助け合うことが大事ですね。

先生：その通りだね。

生徒：先生、ここ（下線b）にあるクラウドサービスはこの頃から使われるようになったのですか。

先生：もう少し前からあったけど、この震災をきっかけに自治体での利用が広まったとも言われているよ。

生徒：それは□ エ □からですか。

先生：それも理由の一つだね。加えて、運用コストを低く抑えることもできるし、インターネット回線があればサービスをどこでも利用できるからね。

□ ア □・□ イ □の解答群

⓪ 通信経路上の機器を通信に必要な分だけ使えるように予約してパケットを送出
① 大量の回線を用意して大きなデータを一つにまとめたパケットを一度に送出
② データを送るためのパケットが途中で欠落しても再送
③ 回線を占有しないで送信元や宛先の異なるパケットを混在させて送出
④ 一つの回線を占有して安定して相手との通信を確立

□ ウ □の解答群

⓪ 機密性の違い
① 信憑性の違い
② 季節の違い
③ 世代の違い

□ エ □の解答群

⓪ 手元にデータをおいておけるため高い安心感を得られる
① 手元にある機材を追加して自由に拡張することができる
② サーバを接続するプロバイダを自由に選ぶことができる
③ サーバなどの機器を自ら設置する必要がない

問1 回線交換方式とパケット交換方式

固定電話のように「1対1」で通信する方式を**回線交換方式**といいます。これは、通話中は回線を占有するもので、仕組みが簡単で通信速度が安定しますが、通話中は他の機器が入って来られない（通話中に他の人が電話してきても話し中になる）ため通信効率は悪くなります。

そこで、回線を占有するのではなく、みんなで分け合う方式として**パケット交換方式**が考え出されました。パケット（Packet）とは直訳すると「小包」のことで、データを複数のパケットに分割して（小分けして）回線に流します。パケットには宛先や元に戻すための順番などの情報も付加されるので、パケットが途中で欠落しても再送できます。

この方式では、通信速度は安定しませんが、道路上を複数の車が走行するのと同じことで、みんなが通信回線を使えるため、通信効率は良くなります。また、1つの回線に何らかの問題が生じて使えなくなっても、他の回線を迂回することもできます。インターネット回線がこの例です。

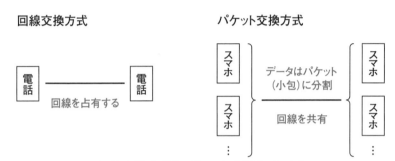

回線交換方式とパケット交換方式の図

●　ア　・　イ　の解答

さて、　ア　・　イ　を見てみると、先生の2回目の発言で

「回線交換方式と違って、データ通信であるインターネット回線では　ア　したり　イ　したりする」

とありますので、　ア　・　イ　はパケット交換方式について述べていることがわかります。

以上の説明を基に解答群の選択肢を吟味してみます。

⓪は、「必要な分だけ使えるように予約」するので、パケット交換方式ではありません。

①は、「大量の回線を用意して大きなデータを一つにまとめたパケットを一度に送出」とありますが、「大きなデータを一つにまとめた」のはパケットではありません。パケットは小分けしたものです。

②は、「データを送るためのパケットが途中で欠落しても再送」ですから、パケット交換方式のことです。これが1つ目の正答です。

③は、「回線を占有しないで」ですから、パケット交換方式のことで、これが2つ目の正答です。

以上より、　ア　・　イ　には②と③（順不同）が入ることがわかります。

ちなみに、④は「一つの回線を占有して」ですから、回線交換方式です。

●デジタル・ディバイドと　ウ　の解答

生徒の3回目の発言で

「この報告書（下線c）にあるような情報格差は　ウ　や経済的な格差によって生じます」

とありますから、　ウ　には情報格差の原因が入ることがわかります。

情報格差のことを**デジタル・ディバイド**(Digital Divide)ともいい、ΙΤ(Information Technology＝情報技術)を活用する能力や環境の差によって生じる待遇や収入などの格差のことです。

ITを活用する能力は、年齢による違いが大きいですから、ウの選択肢としては③の「世代の違い」が最も適切です。例えば、読者の皆さんの祖父母の方もIT関係は苦手な人が多いでしょう。

⓪の「機密性の違い」ですが、これは「秘密を守ること」であって情報セキュリティ(Security＝安全)についての問題であり、情報格差とは関係がありません。

①の「信憑性の違い」と②の「季節の違い」も情報格差とは無縁です。

●エの解答

エについては、生徒の最後の発言の「それはエからですか」の前の同じ生徒の発言で

「先生、ここ(下線b)にあるクラウドサービスはこの頃から使われるようになったのですか」

と、その後の先生の

「もう少し前からあったけど、この震災をきっかけに自治体での利用が広まったとも言われているよ」

から、クラウドサービスの利用が広まった理由を問われていることがわかります。

クラウドサービスとは、インターネットを利用したサービスのことです。インターネットは世界中のコンピュータやネットワークをつないだもので実体がはっきりしませんので、雲(Cloud)になぞらえてクラウドと呼ばれたりします。クラウドサービスでは、インターネット上の機器を使い、インターネット上にデータを置きます。この観点で選択肢を吟味してみます。

⓪は「手元にデータをおいて」とありますので、クラウドサービスとは逆であることがわかります。したがって不正解です。

①は「手元にある機材」とありますが、機材はインターネット上にありますので、これも逆であり不正解です。

②は「サーバを接続するプロバイダを自由に選ぶことができる」とありますが、「プロバイダ(Provider)」とはインターネットに接続する業者のことです。これを「自由に選ぶことができる」ことと「クラウドサービスの利用が広まった」こととは関係がありません。したがって不正解です。

③の「サーバなどの機器を自ら設置する必要がない」はクラウドサービスを利用する上での利点です。「サーバなどの機器」はインターネット上にあるため「自ら設置する必要がない」のです。したがって、これが正答です。

解答						
問1	ア・イ	② ③ （順不同）	ウ	③	エ	③

問2は、情報を表現する図についての問題です。

問2

次の文は、学習成果発表会に向けて、3人の生徒が発表で用いる図について説明したものである。内容を表現する図として最も適当なものを、後の解答群のうちから一つずつ選べ。

生徒A：クラスの生徒全員の通学手段について調査し、「クラス全員」を「電車を利用する」「バスを利用する」「自転車を利用する」で分類し表現します。　オ

生徒B：より良い動画コンテンツを制作する過程について、多くの人の意見を何度も聞き、「Plan」「Do」「Check」「Action」といった流れで表現します。　カ

生徒C：家電量販店で販売されているパソコンを価格と重量に着目して、「5万円以上・1kg以上」「5万円以上・1kg未満」「5万円未満・1kg以上」「5万円未満・1kg未満」という区分に分類し表現します。　キ

オ～キ の解答群

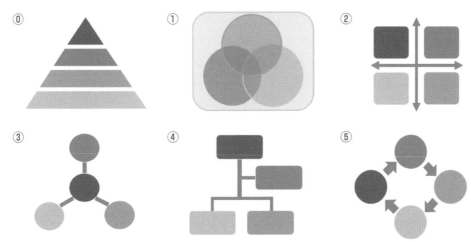

21

問2 様々な内容を表現できる図とその特徴

選択肢⓪のように三角形を層別に区分した図を**ピラミッド図**といいます。

例えば、企業はその情報資産をどのように守るかについて、情報セキュリティポリシー（Policy）という方針・行動指針を定める必要がありますが、これは次のような階層構造をしています。

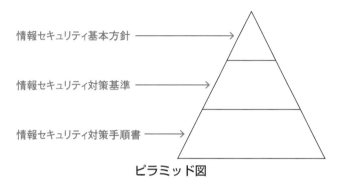

情報セキュリティ基本方針 ————————→

情報セキュリティ対策基準 ————————→

情報セキュリティ対策手順書 ————————→

ピラミッド図

社長が基本方針を定めて全社員に周知させ、それを受けて部下が対策基準を定め、さらに細かい対策手順書（マニュアル）を作成します。

選択肢の①は、数Ⅰの集合で学ぶ**ベン図**です。外側の長方形が全体集合を表し、円が何らかの集合を表します。この例では円が3つあり、重なり合っている部分があります。

例えば、次の例はあるクラスにおいて、昨日の昼食に食べたものがパンかライスか麺類かで、その人数を分類したものです。

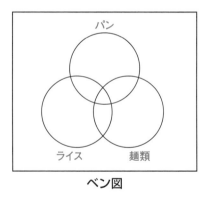

パン

ライス　　麺類

ベン図

上の円の中央の3つが重なっている部分は、3種類全て食べた人です。

選択肢②のように上下左右の座標軸で4等分した図を**ポートフォリオ**（Portfolio）図といいます。次の例は、プロダクトポートフォリオマネジメント（Product Portfolio Management ＝ PPM）という、企業の事業や商品の市場における位置を把握して戦略を練るための分析手法です。

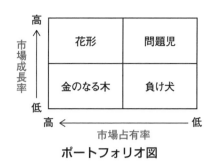

ポートフォリオ図

　左上の市場成長率も市場占有率も共に高いものは花形と呼ばれ、さらなる投資（お金を出すこと）を行います。その下の金のなる木は、市場占有率は高いものの市場成長率が低いので、投資は必要最小限に抑え、資金を他の事業に回します。

　右上の問題児は、市場成長率が高いのに市場占有率が低いので、積極的な投資で花形にするか、負け犬になる前に撤退します。右下の負け犬は、市場成長率も市場占有率も共に低いので、撤退か事業の売却を考えます。

　なお、この図の横軸は一般的な常識と左右逆ですが、PPMでの常識なのです。

　選択肢の③は、**イメージマップ**（Image Map）といいます。これは、中心に1つのテーマを置き、そこから広がるイメージを外側に放射状に描いて発想を広げていく思考法です。

　下記は、「秋の旅行」をテーマとし、「交通手段」「食事」「ホテル」のイメージを描いたものです。

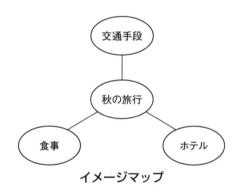

イメージマップ

　実際には、外側の円からさらにイメージを広げていきます。

　選択肢の④は、**ツリー図**といいます。ツリー（Tree）は木のことで、木が枝分かれしていくような構造です。

　下記は、会社における組織図の一例です。

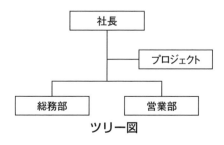

ツリー図

　選択肢の⑤は、PDCAサイクルを表します。これは、Plan（計画）→ Do（実行）→ Check（評価）→ Action（改善）をぐるぐると繰り返すものです。

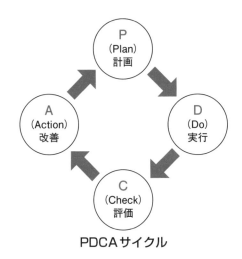

PDCAサイクル

　前出の情報セキュリティポリシーは、まず計画を立て（Plan）、実行（Do）し、計画とのずれを評価（Check）した上で改善（Action）し、再び計画を練り直すということを繰り返していきます。

● ┌ オ ┐〜┌ キ ┐の解答

　以上を踏まえて問題文を見てみると、┌ オ ┐は、

「クラスの生徒全員の通学手段について調査し、『クラス全員』を『電車を利用する』『バスを利用する』『自転車を利用する』で分類し表現」

するのですから、①のベン図が適切です。

　　　　┌ カ ┐は、

「『Plan』『Do』『Check』『Action』といった流れで表現」

するのですから、⑤が適切です。

　　　　┌ キ ┐は、

「『5万円以上・1kg以上』『5万円以上・1kg未満』『5万円未満・1kg以上』『5万円未満・1kg未満』という区分に分類し表現」

するのですから、②のポートフォリオ図が適切です。

解答					
問2	オ	①	カ	⑤	キ ②

問3は、アナログとデジタルの変換についての問題です。

□
□ 問 **3** 次の文章の空欄 ク ～ コ に入れるのに最も適当なものを、それぞれの
□ 解答群のうちから一つずつ選べ。

次の図1は、モノクロの画像を16画素モノクロ8階調のデジタルデータに変換する手順を図にしたものである。このとき、手順2では ク 、このことを ケ 化という。手順1から3のような方法でデジタル化された画像データは、 コ などのメリットがある。

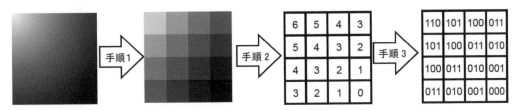

図1 画像をデジタルデータに変換する手順

ク の解答群
⓪ 区画の濃淡を一定の規則に従って整数値に置き換えており
① 画像を等間隔の格子状の区画に分割しており
② 整数値を二進法で表現しており
③ しきい値を基準に白と黒の2階調に変換しており

ケ の解答群
⓪ 符号
① 量子
② 標本
③ 二値

コ の解答群
⓪ コピーを繰り返したり、伝送したりしても画質が劣化しない
① ディスプレイ上で拡大してもギザギザが現れない
② データを圧縮した際、圧縮方式に関係なく完全に元の画像に戻すことができる
③ 著作権を気にすることなくコピーして多くの人に配布することができる

問3 デジタルデータの変換

● アナログとデジタルの違い

コンピュータが音声や画像を扱うためには、自然界のアナログ信号をコンピュータが理解できるデジタル信号に変換する必要があります。

アナログとデジタルは、次のように異なります。

アナログ (Analog) ＝連続量
デジタル (Digital) ＝不連続量

デジタルには、「指の」という意味もあり、指折り数える整数が不連続量のデジタルです。親指と人差し指の間には何もないので、不連続です。整数の1と2の間に来る整数というものも存在しません。

これに対して、小数は連続量です。小数の存在を認めると、1と2の間には1.4や1.5があり、その間には1.43や1.44があり、そのまた間には・・・と、果てしなく続いていきます。これが連続量です。そして、自然界のものは、もともと連続量なのです。

● A/D変換

アナログ信号をデジタル信号に変換することを、両者の頭文字を取って**A/D 変換**といいます。

例えば音は、そもそも次のような連続量です。

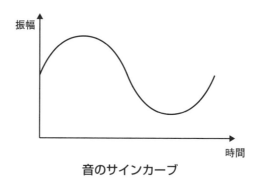

音のサインカーブ

上のように、音は滑らかな曲線で描かれる連続量です。これを、次のような不連続な縦棒に置き換えるのがA/D変換です。

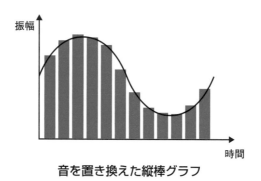

音を置き換えた縦棒グラフ

この変換は、これから説明するように①標本化、②量子化、③符号化の手順を経て行われます。これを**PCM**（Pulse Code Modulation＝パルス符号変調）符号化といいます。符号化したデジタルの値を元に戻すのは、**D/A**

変換です。

● 手順1：標本化

A/D変換のPCM符号化で最初に行う**標本化**とは、滑らかに連続するカーブ上のどの点を棒グラフ（標本）にするのかを決めることです。標本のことをサンプル（Sample）ともいい、標本化を**サンプリング**（Sampling）ともいいます。

標本の数は多い方が滑らかなカーブになりますが、データの量が多くなります。標本の数が少ない場合は、その逆です。では、どのくらいの量にすればよいのでしょうか？

実は、この問題については、次のような定理があります。

「アナログ信号をデジタル信号に変換するとき、最高周波数の2倍以上の周波数でサンプリングすれば、デジタル信号から元のアナログ信号に復元することができる」

これを**標本化定理（シャノンの定理）**といいます。では、周波数とはなんでしょうか？　周波数は、

「周期的に繰り返す波の、1秒当たりの繰り返し数」

です。

音は、音波ともいわれるように、波なのです（厳密には縦波といいます）。この波は、先ほどのようなグラフで表すと、上に凸の部分（山）と下に凹の部分（谷）が何回も繰り返し現れるのです。1組の山と谷で1周期というのですが、周波数が10ならば、周期が10回あるということです。

ちなみに、山と谷が現れるのは、普通は横波ですが、音のような縦波も「オシロスコープ」という装置により、山と谷に変換することができるのです。

そして、周波数はHz（ヘルツ）という単位で表されますので、最高周波数が100Hzならば、2倍の200Hzでサンプリングすればよいのだということになります。

人間の耳に聞こえる音の周波数は、多少の個人差はあるものの、20～20,000Hzといわれています（20Hzより小さい音を超低周波音、20,000Hzより大きい音を超音波といいます）。20,000Hzとは20kHzですが、音楽用のCDはこの約2倍の44.1kHzでサンプリングしています。

● 手順2：量子化

量子化とは、サンプリングしたアナログの値を、デジタルである整数にすることです。どうやって整数にするのかというと、四捨五入をするだけです。

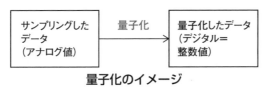

量子化のイメージ

● 手順3：符号化

符号化は、量子化によって整数にした値を、2進数（の信号）に変換することです。つまり、10進数の整数の値を、何ビットかの2進数にするのです。

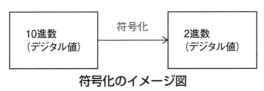

符号化のイメージ図

●CCD

音は、エジソンがレコードを発明したことにより、電気的に記録・再生することができましたが、光はどうするのでしょうか？

光の場合は、CCDイメージセンサ（または単にCCD）というもので電気信号に変換します。CCDイメージセンサは、光を感じるもので、人間の目の網膜に相当します。よく、スマートフォンやデジタルカメラなどで、「○○万画素」という表現がされていますが、この画素の数はCCDイメージセンサの数のことです。ただし、最近ではより低価格のCMOSイメージセンサの方が主流です。CCDは、解像度が高い代わりに複雑で高価ですので、高級品に使われています。

●　ク　～　コ　の解答

以上をもとに図1の「画像をデジタルデータに変換する手順」を見てみると、手順1が標本化、手順2が量子化、手順3が符号化の手順に該当します。

すると、手順2は量子化で、アナログ値を整数にしていることがわかります。これで、　ケ　は①の量子であることがわかります。

　ク　については、選択肢を見てみると、⓪の「区画の濃淡を一定の規則に従って整数値に置き換えており」が最も適切です。

①の「画像を等間隔の格子状の区画に分割」は手順1の標本化です。

②の「整数値を二進法で表現」は手順3の符号化です。

③の「しきい値を基準に白と黒の2階調に変換しており」は図1の中にはありません。「白と黒の2階調」ではなく、濃淡があります。

　コ　については、画像データのメリットを探せばよく、⓪の「コピーを繰り返したり、伝送したりしても画質が劣化しない」が該当します。

①の「ディスプレイ上で拡大してもギザギザが現れない」文字のことを**アウトラインフォント**（Outline Font）といいます。文字は元々**ビットマップフォント**（Bitmap Font）といって、点の集まりで作られたもので、拡大するとギザギザ（ジャギーという）が目立ちますが、これが目立たないように考え出されたのがアウトラインフォントです。

しかし、これは文字の話です。画像は例えば、スマホの画面を親指と人差し指で広げて拡大すればするほどギザギザが目立ちますから、誤りです。

②の「データを圧縮した際、完全に元の画像に戻すことができる」ものを可逆圧縮といいます。これに対して、元に戻せない不可逆圧縮というものもありますから、「圧縮方式に関係なく完全に元の画像に戻すことができる」というのは誤りです。

③の「著作権を気にすることなくコピーして多くの人に配布することができる」というのは全くの誤りで、他人の写真などを無断で配布してはいけません。著作権法違反になります。

解答					
問3	ク	⓪	ケ	①	コ	⓪

問4は、IPアドレスについての問題です。

問 **4** 次の先生と生徒（Kさん）の会話文を読み、空欄 サ ～ セソ に当てはまる数字をマークせよ。

Kさん：先生、今読んでいるネットワークの本の中に192.168.1.3/24という記述があったのですが、IPアドレスの後ろに付いている「/24」は何を意味しているのですか？

先　生：それは、ネットワーク部のビット数のことだね。

Kさん：ネットワーク部ってなんですか？

先　生：IPv4方式のIPアドレスでは、ネットワーク部によって所属するネットワークを判別することができるんだ。例えばIPアドレス192.168.1.3/24の場合、ネットワーク部のビット数は24で、IPアドレスを二進法で表した時の最上位ビットから24ビットまでがネットワーク部という意味だ。図で表すと次のようになり、ホスト部を0にしたものをネットワークアドレスと呼び192.168.1.0/24と表すんだ。

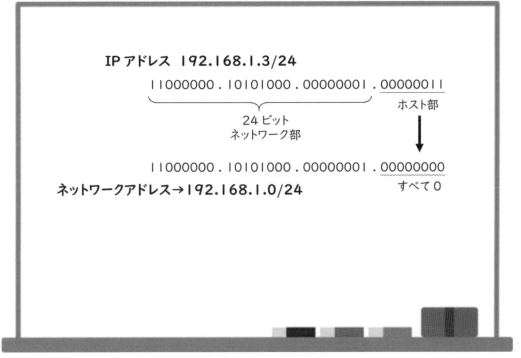

図2　先生がホワイトボードに書いた説明

Kさん：ここに書いてあるホスト部ってなんですか？

先　生：このネットワークに接続するコンピュータなどに割り当てる固有の番号のことだよ。

Kさん：この場合は、番号が3ということですか？

先　生：その通りだ。 サ ビットで表される数のうち、0にしたものはネットワークアドレスとして使用されるし、すべてのビットが1である255は管理目的で使用するため、このネットワークにはホスト部として1～254までの254台のネットワーク機器を割り当てることができるんだ。この考え方でいくと、ネットワーク部のビット数を変えることで、同じアドレスでもネットワークの規模を変えることができるんだよ。例えば、192.168.1.3/ シス が割り当てられているコンピュータが接続するネットワークには、何台のネットワーク機器が接続できるかな？

Kさん：0とすべてのビットを1にしたものが利用できないから、256 × 256 − 2で65,534台ですか。

先　生：そうだね。一見同じようなアドレスでもネットワークの規模が異なることになるね。では、172.16.129.1 と 172.16.160.1 が同じネットワークに属していると考えるとネットワーク部のビット数は最大何ビットにすることができるかな？

Kさん：二進法で表して最上位ビットから同じところまでだから、最大 セソ ビットということですか。

先　生：よく理解できたようだね。

解説

問4 IPアドレス

　最初にIPアドレスを確認しておきます。 インターネットの仲間入りをするにはISP (Internet Service Provider) という接続業者と契約する必要があり、契約するとIPアドレス (Address＝住所) という個別の番号を貸してもらえます。

　IPアドレスとは、「世界中でただ1つ」という、個別の識別番号です。例えば、外国に郵便を出すにしても、「○○国の△△という住所の何丁目何番地」と住所を指定すれば、確実に世界中の誰にでも届きます。

IPアドレス

　IPアドレスは、この住所と同じような番号で、実体は次のような32ビットの2進数です。

11000000101010000000000100000001

　ただ、そのままではわかりにくいですから、8ビットずつ4つに区分します。

11000000.10101000.00000001.00000001

　さらに、それぞれの8ビットは10進数に直して表示します。すると、次のような数字になります。

192.168.1.1

IPアドレスの例

　これと同じような数字を貸してもらうことになります。また、ホームページにも同じような数字が割り当てられています。

● グローバルとプライベートIPアドレス

　IPアドレスには限りがありますから、有効に利用する仕組みが考えられています。

　まず、今説明したような「全世界でただ1つ」のIPアドレスのことをグローバルIPアドレスといいます。グローバル (Global) は、「地球規模の」という意味です。

これに対して、「ある建物や会社の中だけで有効」であるIPアドレスがあり、これを**プライベートIPアドレス**といいます。プライベート (Private) は、「個人用の」とか「特定の人だけの」という意味です。

●サブネット

プライベートIPアドレスは便利ですが、1つの組織で使うには数が多すぎます。民間企業なら、総務部・経理部・人事部・営業部・製造部などの部門ごとにグループ分けした方が便利です。

連番で先頭から順に調べるより、「〇〇部の△△番目のパソコン」という指定の方が探すのが楽です。

グループ分けすることをサブネット化といい、分けられた小さいネットワークを**サブネット** (Subnet) といいます。IPアドレスをサブネット化すると、例えば次のように2つに分けられます。

IPアドレス

172. 17. 0. 2

ネットワーク部　　　ホスト (Host) 部

サブネットの例

ネットワーク部の「172.17.0」がサブネットを表し、最後の「2」が何番目のパソコンかを表します。ただし、これはあくまでも一例であり、このように必ず24ビットと8ビットに分けなければならないわけではなく、何ビットにするかは自由に決められます。

●サブネット・マスク

IPアドレスからネットワーク部のアドレスとホスト部のアドレスを別々に取り出すために、**サブネット・マスク** (Subnet Mask) というものがあります。仮にネットワーク部とホスト部が前述の例のように24ビットと8ビットの形をしているなら、サブネット・マスクは次のように24ビットの1と8ビットの0になります。

111111111111111111111111100000000　　　（10進数では255.255.255.0）

サブネット・マスクの例

ネットワーク部のアドレスを取り出すには、IPアドレスとサブネット・マスクのビットごとのAND演算を行います。ANDとは「そして」という意味ですが、演算のときは「および」あるいは「かつ」と訳されます。

ANDには入力が2つあり、両方が1のときのみ、出力が1になります。片方の入力をX、もう片方の入力をYとすると、

「X＝1およびY＝1のときのみ、出力が1」

になります。これは、

「X＝1かつY＝1のときのみ、出力が1」

でもあります。これ以外の場合は、出力は0になります。

これを「XとYのAND（**論理積**）」といい、

「X・Y」または「X and Y」

と書きます。このANDの結果を表にまとめると、次のようになります。このような表を真理値表といいます。

ANDの真理値表

X	Y	X・Y
0	0	0
0	1	0
1	0	0
1	1	1

　以上のように、ANDは、「両方1のときのみ1で、他は0」ですから、IPアドレスとサブネット・マスクのビットごとのAND演算を取ると、サブネット・マスクが1のときはIPアドレスがそのまま取り出され、サブネット・マスクが0のところでは、全て0になります。

　これは、「サブネットを知りたければ、サブネット・マスクのビットが1のところに対応するビットを見なさいよ」ということでもあります。

　一方、ホスト部のアドレスを取り出すには、サブネット・マスクを反転してから今と同じようにAND演算を取ります。反転により、1は0になり、元々の0は1になります。

　これは、「ホストを知りたければ、サブネット・マスクの元々が0のところに対応するビットを見なさいよ」ということでもあります。

　なお、ホスト部のアドレスを使って個々のパソコンを識別するのですが、ホスト部のアドレスを全て自由に使えるわけではありません。ホスト部のアドレスがオール0の場合は**ネットワークアドレス**（ネットワーク自身を指し示す）、オール1の場合は**ブロードキャスト**（Broadcast）**アドレス**（一斉通信を行うために使う）といって予約済みであり、この2つは使うことはできません。したがって、使用できるホスト数は次のようになります。

使用できるホスト・アドレス数＝2の乗数−2

　今の例のようにホスト部が8ビットであれば、

$$使用できるホスト・アドレス数 = 2^8 - 2$$
$$= 256 - 2$$
$$= 254$$

となります。

● プレフィックス長
　ネットワーク部の長さ（ビット数）を**プレフィックス**（Prefix）**長**といいます。これが24ビットなら「/24」と表します。このようにプレフィックス長が8の倍数の場合は簡単なのですが、そうでない場合は注意が必要です。

　例えば、サブネット・マスクが「255.255.255.192/26」である場合を考えてみます。プレフィックス長が26ビットですから、IPアドレスの左側24ビット（3区分）に加えて右端8ビットのうちの最上位（最も左側）と左から2ビット目もサブネットに入ります。

　もしもこのサブネット・マスクに対応するIPアドレスが「172.17.0.66」である場合は、右端の「66」に対応する2進数は「01000010」ですから、上位2ビットの「01」の部分もサブネットに入ります。最上位ビットの重みは128で、その右隣は64ですから、サブネットは「172.17.0.64」になります。

　一方、最後に残った右端6ビットが「000010」ですから、ホストは「2」です。

● IPv4とIPv6
　ここまで説明したIPアドレスの規格は、**IPv4**（アイピーヴイフォー）といいます。これは、8ビット×4区分ですが、8ビット（1バイト）は0〜255までの256とおりの数字を表現できるので、合わせると、

256×256×256×256＝約43億とおり

になります。しかし、地球上の人口は約80億人ですから、世界中の人がインターネットを使い出したら、IPアドレスはとても足りません。現実に、IPv4のIPアドレスは枯渇しています。

　そこで、IPv6という新しい規格が考え出されました。これは、128ビットで表します。128ビットは32ビットの4倍ですが、「なんだ、たったの4倍か」と思ったら、大きな間違いです。4倍ではなく4乗倍になります。つまり、

43億×43億×43億×43億

という、途方もない数になります。これで、IPアドレスが足りなくなる事態は避けられます。現在は、IPv4とIPv6が混在して使われています。

　本章ではコンピュータとプログラミングについて最低限必要な知識を紹介しましたが、より詳しく勉強したい方には、次の書籍がオススメです。

『文系のための 基本情報技術者　はじめに読む本 (近藤孝之著／技術評論社刊)』

　この本は基本情報技術者という国家試験の受験者のうち、文系で数学的なことが苦手な人向けに書いた超入門の本ですが、内容が小中学生でも理解できるようにかみ砕いて説明してありますので、大学受験生にも最適です。また、コラムが面白く、勉強の合間に読むのにも良いです。本書と合わせてぜひお読みください。もし、受験勉強が忙しい場合は、入試が終わった後にでもどうぞ。

● サ の解答

　さて、以上をもとに先生とKさんの会話を読んでみると、 サ はビット数を表すことがわかります。図2の次の2回目の先生の会話を読んでみると、

「 サ ビットで表される数のうち、0にしたものはネットワークアドレスとして使用されるし、全てのビットが1である255は」

とありますから、 サ ビットの最大値 (全てのビットが1) は255です。ということは、 サ は8になります。8ビットの最大値が255だからです。

　8ビットでは、0〜255の256とおりの数を表現でき、「0にしたものはネットワークアドレスとして使用されるし、全てのビットが1である255は管理目的で使用するため、このネットワークにはホスト部として1〜254までの254台のネットワーク機器を割り当てることができる」わけです。

● シス の解答

　 シス の前に「/」があることから、 シス はプレフィックス長を表すことがわかります。この後のKさんの発言が

「0と全てのビットを1にしたものが利用できないから、256×256－2で65,534台ですか?」

となっていることから、 シス ビットでは「256×256」とおりを表せるのです。

　8ビットで256とおりですから、「256×256」とおりは2倍の16ビットになります。この辺についてもう少し確認しておくと、8ビットは4ビットの2倍の長さですが、4ビットは、0〜15の16とおりです (16進数という数で1桁になります)。すると8ビットは4ビットの2倍だから16の2倍の32とおりかというとそうではなく、16×16＝256とおりです。ですから、「256×256」とおりは「8ビット×8ビット」なので、8ビットの2倍の16ビットになるわけです。

● セソ の解答

セソ については、Kさんの最後の発言で

「二進法で表して最上位ビットが同じところまでだから」

となっているわけですが、その直前の先生の問いかけで

「では、172.16.129.1と172.16.160.1が同じネットワークに属していると考えるとネットワーク部のビット数は最大何ビットにすることができるかな？」

となっていることから、2進数で考えて同じビットを見ればよいのです。最初の「172.16」は共通ですから、3区分目の「129」と「160」を2進数に直してみればよいのです。

10進数を2進数に直すには、

「2で割っていき、答えを下に、余りを右に書く。最後に余りを右に90度回転させれば答え（あるいは、余りを下から読む）」

のですから、やってみます。

```
2 ) 129
2 )  64 … 1           2 ) 160
2 )  32 … 0           2 )  80 … 0
2 )  16 … 0           2 )  40 … 0
2 )   8 … 0           2 )  20 … 0
2 )   4 … 0           2 )  10 … 0
2 )   2 … 0           2 )   5 … 0
2 )   1 … 0           2 )   2 … 1
2 )   0 … 1           2 )   1 … 0
                      2 )   0 … 1
```

余りを下から読むと　　　　　余りを下から読むと
10000001　　　　　　　　10100000

2つの2進数を最上位ビット（最も左側のビット）から見ていくと、共通しているのは「10」の部分までですから、これで2ビットです。そして、あらかじめ共通している「172.16」で8＋8＝16ビットですから、合わせて16＋2＝18ビットがプレフィックス長になります。

解答									
問4	サ	⑧	シ	①	ス	⑥	セ	①	ソ	⑧

情報Iサンプル問題―第2問

第2問は、プログラミングの問題になります。問1は、11行ほどの短いプログラムが登場します。

第2問 次の文章を読み、後の問い（問1～3）に答えよ。

Mさんは、18歳になって選挙権が得られたのを機に、比例代表選挙の当選者を決定する仕組みに興味を持った。そこで各政党に配分する議席数（当選者数）を決める方法を、友人のKさんとプログラムを用いて検討してみることにした。

問 1 次の文章の空欄 ア ～ ウ に入れる最も適当なものを、後の解答群のうちから一つずつ選べ。同じものを繰り返し選んでもよい。

Mさん：表1に、最近行われた選挙結果のうち、ある地域のブロックについて、各政党の得票数を書いてみたよ。

表1　各政党の得票数

	A党	B党	C党	D党
得票数	1200	660	1440	180

Kさん：今回の議席数は6人だったね。得票の総数を議席数で割ると580人なので、これを基準得票数と呼ぶのがいいかな。平均して1議席が何票分の重みがあるかを表す数ということで。そうすると、各政党の得票数が何議席分に相当するかは、各政党の得票数をこの基準得票数で割れば求められるね。

Mさん：その考え方に沿って政党ごとの当選者数を計算するプログラムを書いてみよう。まず、プログラムの中で扱うデータを図1と図2にまとめてみたよ。配列Tomeiには各政党の党名を、配列Tokuhyoには各政党の得票数を格納することにしよう。政党の数は4つなので、各配列の添字は0から3だね。

```
i        0      1      2      3
Tomei  A党    B党    C党    D党
```
図1　各政党名が格納されている配列

```
i        0      1      2      3
Tokuhyo  1200    660   1440    180
```
図2　得票数が格納されている配列

Mさん：では、これらのデータを使って、各政党の当選者数を求める図3のプログラムを書いてみよう。実行したら図4の結果が表示されたよ。

```
(01) Tomei = ["A党","B党","C党","D党"]
(02) Tokuhyo = [1200,660,1440,180]
(03) sousuu = 0
(04) giseki = 6
(05) m を 0 から ┃ ア ┃ まで 1 ずつ増やしながら繰り返す:
(06)  └ sousuu = sousuu + Tokuhyo[m]
(07) kizyunsuu = sousuu / giseki
(08) 表示する("基準得票数:",kizyunsuu )
(09) 表示する("比例配分")
(10) m を 0 から ┃ ア ┃ まで 1 ずつ増やしながら繰り返す:
(11)  └ 表示する(Tomei[m],":", ┃ イ ┃ / ┃ ウ ┃ )
```

図3　得票に比例した各政党の当選者数を求めるプログラム

Kさん：得票数に比例して配分すると小数点のある人数に
　　　　なってしまうね。小数点以下の数はどう考えよう
　　　　か。例えば、A党は2.068966だから2人が当選するの
　　　　かな。

Mさん：なるほど。切り捨てで計算すると、A党は2人、B党
　　　　は1人、C党は2人、D党は0人になるね。あれ？　当
　　　　選者数の合計は5人で、6人に足りないよ。

Kさん：切り捨ての代わりに四捨五入したらどうだろう。

Mさん：そうだね。ただ、この場合はどの政党も小数点以下
　　　　が0.5未満だから、切り捨てた場合と変わらないな。
　　　　だからといって小数点以下を切り上げると、当選者数が合計で9人になるから3人も多くなっ
　　　　てしまう。

Kさん：このままでは上手くいかないなぁ。先生に聞いてみよう。

```
基準得票数:580
比例配分
A党:2.068966
B党:1.137931
C党:2.482759
D党:0.310345
```

図4　各政党の当選者数の表示

┃ ア ┃～┃ ウ ┃の解答群

⓪ 0　　　　　　① 1　　　　　　② 2　　　　　　③ 3
④ 4　　　　　　⑤ 5　　　　　　⑥ 6　　　　　　⑦ Tomei[m]
⑧ Tokuhyo[m]　⑨ sousuu　　　ⓐ giseki　　　ⓑ kizyunsuu

問1 プログラミング問題の攻略法

　プログラミング問題の攻略法は、「ヒントを探せ！」の一言に尽きます。プログラミング問題には、必ずヒントがあるのです。あとは、そのヒントをいかに早く見つけ出すかです。

　そのためには、長文読解力が欠かせません。

　そして、長文読解力を身に付けるには、とにかく文章を読むことです。それには新聞を読むことがオススメなのですが、新聞をあまり読まない生徒さんも多いかと思います。それなら、小説を読むようにしましょう。小説を読めば長文読解力が付き、国語にも対応できます。受験生にとっては、一石二鳥です。

　とにかく、「プログラミング問題には、必ずヒントがある」ということを念頭に、素早くそのヒントを見つけ出すようにしましょう。

● ア の解答

　 ア は、図3のプログラムの（05）行目にありますが、

「mを0から ア まで1ずつ増やしながら繰り返す：」

と書いてあることと、（06）行目にかけて線が引いてあることから、（06）行目が（05）行目の内側であることがわかります。

　すると、（05）行目は順次繰返し文であり、mはループ変数です。そして、このmは（06）行目の「Tokuhyo[m]」に出てくるのですが、図1と図2の直前のMさんの発言の最後に

「配列Tomeiには各政党の党名を、配列Tokuhyoには各政党の得票数を格納することにしよう。政党の数は4つなので、各配列の添字は0から3だね」

とありますので、mの最大値は3（選択肢の③）であることがわかります。

● イ と ウ の解答

　図3を実行した結果が図4ですが、これは結果の表示ですから、プログラム中の「表示する」に着目します。

　すると、（08）行目の

「表示する（"基準得票数：",kizyunsuu）」

の結果が図4の1行目の

「基準得票数：580」

であることがわかります。つまり、kizyunsuuが580です。

　（09）行目の「表示する（"比例配分"）」は、単に図4の2行目の「比例配分」になります。

　（10）行目は、（05）行目と同じ順次繰返し文（for文）で、政党名（Tomei[m]）と「：」を表示した後、（11）行目の

「 イ ／ ウ 」

を表示します。この結果は、順に「2.068966、1.137931、2.482759、0.310345」ですが、これが何を意味しているかというと、ヒントは図3の後のKさんの発言の

「得票数に比例して配分すると小数点のある人数になってしまうね。小数点以下の数はどう考えようか。例えば、A党は2.068966だから2人が当選するのかな」

にあります。

　つまり、A党の「2.068966」は「得票数に比例して配分」した数値です。具体的にこれをどうやって計算するのか本文を読み直してみると、表1の後のKさんの発言に

「そうすると、各政党の得票数が何議席分に相当するかは、各政党の得票数をこの基準得票数で割れば求められるね」

とありますので、「　イ　/　ウ　」は「各政党の得票数」を「基準得票数」で割ったものになることがわかります。つまり、　イ　が「各政党の得票数」であり、　ウ　が「基準得票数」です。

　すると、図1・図2の直前のMさんの発言の

「配列Tokuhyoには各政党の得票数を格納することにしよう」

により、　イ　には配列Tokuhyoが入ることがわかります。これに該当するのは、選択肢の⑧です。

　次に、表1の後のKさんの発言で

「得票の総数を議席数で割ると580人なので、これを基準得票数と呼ぶのがいいかな」

の部分と、図4の1行目の「基準得票数：580」を表示しているプログラムが先ほど見たように（08）行目の

「表示する（"基準得票数：",kizyunsuu）」

なので、　ウ　にはkizyunsuu（選択肢の⓫）が入ることがわかります。

　なお、（10）行目も（05）行目と同じく「mを0から　ア　まで1ずつ増やしながら繰り返す：」であり、その結果が「2.068966、1.137931、2.482759、0.310345」ですから、0から3までの4回の繰り返しであり、　ア　が3であることがわかります。つまり、（05）行目がわからなかったとしても、ここでも　ア　がわかるわけです。

解答						
問1	ア	③	イ	⑧	ウ	⓫

問2は、問1のプログラムを修正し、その動きを追っていきます。

問 **2** 次の文章の空欄 エ ～ ス に入れる最も適当なものを、後の解答群のうちから一つずつ選べ。同じものを繰り返し選んでもよい。

Mさん：先生、比例代表選挙では各政党の当選者数はどうやって決まるのですか？ 当選者数が整数なので、割合だけだと上手くいかなかったのです。

先　生：様々な方法があるけど、日本では各政党の得票数を1、2、3、… と整数で割った商の大きい順に定められた議席を配分していく方法を採用しているよ。この例だと表2のように、❶から❻の順に議席が各政党に割り当てられるんだ。C党が❶の議席を取っているけど、このとき、何の数値を比較したか分かるかな。

表2　各政党の得票数と整数で割った商

	A党	B党	C党	D党
得票数	1200	660	1440	180
1で割った商	❷1200	❹ 660	❶1440	180
2で割った商	❺ 600	330	❸ 720	90
3で割った商	400	220	❻ 480	60
4で割った商	300	165	360	45

Mさん：1で割った商です。A党から順に1200、660、1440、180ですね。

先　生：そうだね。ではA党が❷の議席を取るとき、何の数値を比較したのだろうか。

Mさん：C党は1議席目を取ったので、1440を2で割った商である720を比較します。A党から順に1200、660、720、180ですね。この中で数値が大きいA党が議席を取ります。なるほど、妥当な方法ですね。

Kさん：この考え方で手順を考えてみようよ。

先　生：まずは候補者が十分足りるという条件で手順を考えてみるのがいいですよ。

Kさん：各政党に割り当てる議席を決めるために、比較する数値を格納する配列Hikakuがいるね。

Mさん：各政党に配分する議席数（当選者数）を格納する配列Tosenも必要だね。最初は議席の配分が行われていないから、初期値は全部0にしておくね。

```
i    0    1    2    3
Hikaku [    |    |    |    ]
```
図5　整数で割った値を格納する配列

```
i    0    1    2    3
Tosen [ 0 |  0 |  0 |  0 ]
```
図6　当選者数を格納する配列

Kさん：「2で割った商」の「2」のように、各政党の得票数を割るときに使う数字はどうすればいいかな。

Mさん：その政党の当選者数＋1でいいよね。配列Tosenが使えるね。そうだ、変化したところだけ計算し直せばいいんじゃない？ 議席を配分する手順を書いてみよう。

手順1 配列 Tokuhyo の各要素の値を配列 Hikaku の初期値として格納する。

手順2 配列 Hikaku の要素の中で最大の値を調べ，その添字 maxi に対応する配列 Tosen[maxi] に 1 を加える。

手順3 Tokuhyo[maxi] を Tosen[maxi] ＋1 で割った商を Hikaku[maxi] に格納する。

手順4 手順2と手順3を当選者数の合計が議席数の6になるまで繰り返す。

手順5 各政党の党名（配列 Tomei）とその当選者数（配列 Tosen）を順に表示する。

図7 手順を書き出した文章

Kさん：この図7の手順が正しいか確認するために、配列Hikakuと配列Tosenの中がどう変化していくか確認してみよう。図8のようになるね。

配列 Hikaku の変化

i	0	1	2	3
手順1終了時	1200	660	1440	180
1回目の手順3終了時	1200	660	720	180
2回目の手順3終了時	600	660	エ	180
3回目の手順3終了時	600	660	オ	180
4回目の手順3終了時	600	330	カ	180
5回目の手順3終了時	400	330	キ	180
6回目の手順3終了時	400	330	ク	180

配列 Tosen の変化

i	0	1	2	3
	0	0	0	0
	0	0	1	0
	1	0	ケ	0
	1	0	コ	0
	1	1	サ	0
	2	1	シ	0
	2	1	ス	0

図8 配列Hikakuと配列Tosenの変化

Mさん：先生に教えてもらった結果と同じように、議席数が6になるまで議席を配分できたね。この手順でプログラムを考えてみよう。

エ ～ ス の解答群

⓪ 0 　　　 ① 1 　　　 ② 2 　　　 ③ 3
④ 4 　　　 ⑤ 180 　　 ⑥ 288 　　 ⑦ 360
⑧ 400 　　 ⑨ 480 　　 ⓐ 600 　　 ⓑ 720

解説

問2 表2の成り立ちを考える

● 表2の見方

まず、表2の見方を確認しておきましょう。表2の上の先生の発言の2行目の後半

「この例だと表2のように、❶から❻の順に議席が各政党に割り当てられるんだ。C党が❶の議席を取っているけど、このとき、何の数値を比較したかわかるかな」

に対するMさんの発言

「1で割った商です。A党から順に、1200、660、1440、180ですね」

により、最大の得票数がC党の1440であることから、これでC党に議席が割り当てられた結果が❶です。これにより、この数値は使えなくなりますから、斜線を引いておきましょう。

	A党	B党	C党	D党
得票数	1200	660	1440	180
1で割った商	❷1200	❹ 660	❶1440	180
2で割った商	❺ 600	330	❸ 720	90
3で割った商	400	220	❻ 480	60
4で割った商	300	165	360	45

これで残っている数値は、左から順に

1200、660、720、180

であることがわかります。これは、表2の下の先生の発言

「そうだね。ではA党が❷の議席を取るとき、何の数値を比較したのだろうか」

に対するMさんの発言

「C党は1議席目を取ったので、1440を2で割った商である720を比較します。A党から順に1200、660、720、180ですね。この中で数値が大きいA党が議席を取ります」

と一致します。これで、❷も確定しましたので、斜線を引いておきます。

	A党	B党	C党	D党
得票数	1200	660	1440	180
1で割った商	❷1200	❹ 660	❶1440	180
2で割った商	❺ 600	330	❸ 720	90
3で割った商	400	220	❻ 480	60
4で割った商	300	165	360	45

これで、使える得票数は左から順に

600、660、720、180

になります。この中で最大の得票数はC党の720ですから、再びC党が議席を獲得し、❸の数値は使えなくなります。

	A党	B党	C党	D党
得票数	1200	660	1440	180
1で割った商	❷1200	❹ 660	❶1440	180
2で割った商	❺ 600	330	❸ 720	90
3で割った商	400	220	❻ 480	60
4で割った商	300	165	360	45

これで、使える得票数は左から順に

600、660、480、180

になります。この中で最大の得票数はB党の660ですから、B党が議席を獲得し、❹の数値は使えなくなります。

	A党	B党	C党	D党
得票数	1200	660	1440	180
1で割った商	❷1200	❹ 660	❶1440	180
2で割った商	❺ 600	330	❸ 720	90
3で割った商	400	220	❻ 480	60
4で割った商	300	165	360	45

これで、使える得票数は左から順に

600、330、480、180

になります。この中で最大の得票数はA党の600ですから、A党が再び議席を獲得し、❺の数値は使えなくなります。

	A党	B党	C党	D党
得票数	1200	660	1440	180
1で割った商	❷1200	❹ 660	❶1440	180
2で割った商	❺ 600	330	❸ 720	90
3で割った商	400	220	❻ 480	60
4で割った商	300	165	360	45

これで、使える得票数は左から順に

400、330、480、180

になります。この中で最大の得票数はC党の480ですから、C党が三度目の議席を獲得し、❻の数値も使えなくなります。

以上が表2の成り立ちです。

● 1回目の繰り返し

表2を確認したことで、図7の手順も読みやすくなったでしょう。図5と図6により、配列Hikakuは整数で割った値を格納する配列であり、配列Tosenは当選者数を格納する配列であることがわかります。

それでは、図7の手順に従って、図8の数字の動きを追っていきましょう。これをトレース（Trace＝追跡）するといいます。

まず、手順1終了時の各配列の中身は次のようになっています。

配列Hikakuの変化

i	0	1	2	3
手順1終了時	1200	660	1440	180

配列Tosenの変化

i	0	1	2	3
	0	0	0	0

手順2により「配列Hikakuの要素の中で最大の値を調べ」ると、添え字2の1440が最大（表2の❶に該当）ですから、添え字maxi（最大値の添え字iという意味なので、「マキシ」ではなく、おそらく「マックスアイ」）は2になります。すると、Tosen[maxi]はTosen[2]ですから、Tosen[2]は現在の0に1が加えられます。

手順3により、maxiが2なので

「Tokuhyo[2]をTosen[2]＋1で割った商をHikaku[2]に格納」

しますから、

「Tokuhyo[2]＝1440をTosen[2]＋1＝1＋1＝2で割った商720をHikaku[2]に格納」

します。これで、1回目の手順3が終了しました。

配列Hikakuの変化

i	0	1	2	3
手順1終了時	1200	660	1440	180
1回目の手順3終了時	1200	660	720	180

次はこれが最大

配列Tosenの変化

i	0	1	2	3
	0	0	0	0
	0	0	1	0

● 2回目の繰り返し

手順2に戻り、「配列Hikakuの要素の中で最大の値を調べ」ると、添え字0のA党の1200が最大（表2の❷に該当）ですから、添え字maxiは0になります。これで、Tosen[0]に1を加えます。0＋1＝1です。

手順3では、maxiが0なので

「Tokuhyo[0]＝1200をTosen[0]＋1＝1＋1＝2で割った商600をHikaku[0]に格納」

します。これで、2回目の手順3が終了しました。

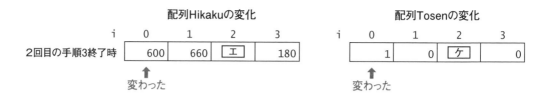

今変わったのはHikaku[0]とTosen[0]だけですから、Hikaku[2]とTosen[2]は変化していません。ということは、これらの値はその上の値と同じであり、 エ ＝720＝ⓑ、 ケ ＝1＝①であることがわかります。

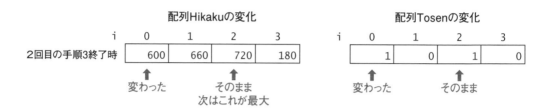

●3回目の繰り返し

再び手順2に戻り、「配列Hikakuの要素の中で最大の値を調べ」ると、添え字2のC党の720が最大（表2の❸に該当）ですから、添え字maxiは2になります。これで、Tosen[2]に1を加えます。1＋1＝2です。

手順3では、maxiが2なので

「Tokuhyo[2]＝1440をTosen[2]＋1＝2＋1＝3で割った商480をHikaku[2]に格納」

します。これで、3回目の手順3が終了しました。

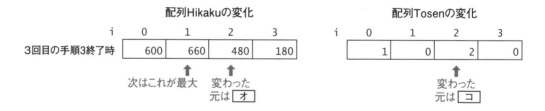

これで、 オ ＝480＝⑨、 コ ＝2＝②であることがわかります。

●4回目の繰り返し

再び手順2に戻り、「配列Hikakuの要素の中で最大の値を調べ」ると、添え字1のB党の660が最大（表2の❹に該当）ですから、添え字maxiは1になります。これで、Tosen[1]に1を加えます。0＋1＝1です。

手順3では、maxiが1なので

「Tokuhyo[1]＝660をTosen[1]＋1＝1＋1＝2で割った商330をHikaku[1]に格納」

します。これで、4回目の手順3が終了しました。

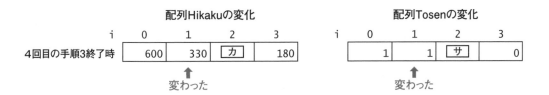

今変わったのはHikaku[1]とTosen[1]だけですから、Hikaku[2]とTosen[2]は変化していません。ということは、これらの値はその上の値と同じであり、　カ　＝480＝⑨、　サ　＝2＝②であることがわかります。

●5回目の繰り返し

再び手順2に戻り、「配列Hikakuの要素の中で最大の値を調べ」ると、添え字0のA党の600が最大（表2の❺に該当）ですから、添え字maxiは0になります。これで、Tosen[0]に1を加えます。1＋1＝2です。

手順3では、maxiが0なので

「Tokuhyo[0]＝1200をTosen[0]＋1＝2＋1＝3で割った商400をHikaku[1]に格納」

します。これで、5回目の手順3が終了しました。

今変わったのはHikaku[0]とTosen[0]だけですから、Hikaku[2]とTosen[2]は変化していません。ということは、これらの値はその上の値と同じであり、　キ　＝480＝⑨、　シ　＝2＝②であることがわかります。

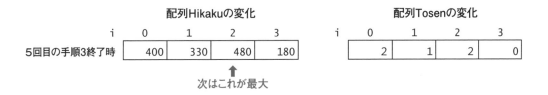

●6回目の繰り返し

再び手順2に戻り、「配列Hikakuの要素の中で最大の値を調べ」ると、添え字2のC党の480が最大（表2の❻に該当）ですから、添え字maxiは2になります。これで、Tosen[2]に1を加えます。2＋1＝3です。

手順3では、maxiが2なので

「Tokuhyo[2]＝1440をTosen[2]＋1＝3＋1＝4で割った商360をHikaku[2]に格納」

します。これで、6回目の手順3が終了しました。

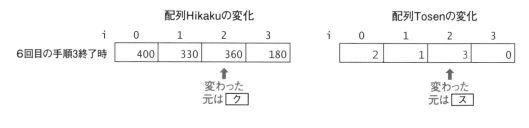

配列Hikakuの変化

i	0	1	2	3
6回目の手順3終了時	400	330	360	180

変わった
元は　ク

配列Tosenの変化

i	0	1	2	3
	2	1	3	0

変わった
元は　ス

以上より、　ク　＝360＝⑦、　ス　＝3＝③です。

● トレーサビリティシステム

　以上のようにプログラムの動きをトレースしてみたのですが、トレースを覚えたついでに、トレーサビリティシステムも覚えておきましょう。トレーサビリティ（Traceability）は「追跡可能性」といい、例えば牛肉の生産・流通・加工・小売りの各段階を追跡できるシステムのことです。これにより、消費者は「この牛肉はどこの誰がどのようなエサを与えて育てたのか」などを確認することができて安心です。

　また、トレーサビリティ（Traceability）という英単語は、Trace（追跡）にability（できること）を合体させたものですが、abilityはさらにable（できる）とity（〜性、〜な状態）を合体させたものです。このように分解して覚える方法を知っておくと、Traceという英単語一つを覚えただけで、Traceable（追跡できる）とTraceabilityをまとめて覚えることができます。これにより、英単語を暗記する労力を減らすことができますので、受験生の皆さんはぜひ活用してください。

解答										
問2	エ	ⓑ	オ	⑨	カ	⑨	キ	⑨	ク	⑦
	ケ	①	コ	②	サ	②	シ	②	ス	③

問3では、さらにプログラムを修正します。修正した分、プログラムの行数も増えます。

□
□ 問 **3** 次の文章の空欄 ┃ セ ┃～┃ テ ┃に入れる最も適当なものを、後の解答群のう
□ ちから一つずつ選べ。

Mさん：図9のプログラムを作ってみたよ。商を整数で求めるところは小数点以下を切り捨てる「**切り捨て**」という関数を使ったよ。

Kさん：実行したら図10のように正しく政党名と当選者数が得られたね。

```
(01) Tomei = ["A党","B党","C党","D党"]
(02) Tokuhyo = [1200,660,1440,180]
(03) Tosen = [0,0,0,0]
(04) tosenkei = 0
(05) giseki = 6
(06) m を 0 から   ア   まで1ずつ増やしながら繰り返す:
(07) └ Hikaku[m] = Tokuhyo[m]
(08)  セ  < giseki の間繰り返す:
(09) │  max = 0
(10) │  i を 0 から   ア   まで1ずつ増やしながら繰り返す:
(11) │   │ もし max < Hikaku[i]ならば:
(12) │   │   │  ソ
(13) │   │   └  maxi = i
(14) │  Tosen[maxi] = Tosen[maxi] + 1
(15) │  tosenkei = tosenkei + 1
(16) └ Hikaku[maxi] = 切り捨て(  タ  /  チ  )
(17) k を 0 から   ア   まで1ずつ増やしながら繰り返す:
(18) └ 表示する(Tomei[k],":",Tosen[k],"名")
```

図9　各政党の当選者数を求めるプログラム

先　生：できたようだね。各政党の当選者数は求められたけど、政党によっては候補者が足りない場合もあるから、その場合にも対応してみよう。図11のように各政党の候補者数を格納する配列Kohoを追加してみたらどうだろう。例えば、C党の候補者が足りなくなるように設定してみよう。

A党：2名
B党：1名
C党：3名
D党：0名

i	0	1	2	3
Koho	5	4	2	3

図10　各政党の当選者数の表示　　**図11　候補者数を格納する配列**

Mさん：候補者が足りなくなったらどういう処理をすれば良いのですか？

先　生：比較した得票で次に大きい得票数の政党が繰り上がって議席を取るんだよ。

Mさん：なるほど。では、図9の (11) 行目の条件文を次のように修正すればいいですね。当選していない候補者はどこかの政党には必ずいるという前提だけど。

```
(11)  |  | もし max < Hikaku[i]  ツ   テ  ならば:
```

Kさん：先生、候補者が不足するほかに、考えるべきことはありますか？

先　生：例えば、配列Hikakuの値が同じになった政党の数が残りの議席の数より多い場合、このプログラムでは添字の小さい政党に議席が割り当てられてしまうので不公平だね。実際には、この場合はくじ引きで議席を割り当てるようだよ。

__セ__ , __タ__ ・ __チ__ の解答群

- ⓪ max
- ① maxi
- ② tosenkei
- ③ Tokuhyo[maxi]
- ④ Tokuhyo[maxi] + 1
- ⑤ Tokuhyo[max]
- ⑥ Tosen[maxi]
- ⑦ Tosen[maxi + 1]
- ⑧ (Tosen[maxi] + 1)

__ソ__ の解答群

- ⓪ max = max + 1
- ① max = Tokuhyo[i]
- ② max = Hikaku[i]
- ③ Hikaku[i] = max
- ④ Tokuhyo[i] = max
- ⑤ Tokuhyo[i] = Hikaku[i]

__ツ__ の解答群

- ⓪ and
- ① or
- ② not

__テ__ の解答群

- ⓪ Koho[i] >= Tosen[i] + 1
- ① Koho[i] < Tosen[i] + 1
- ② Koho[i] >= Tosen[i]
- ③ Koho[i] < Tosen[i]

問3 プログラムの概観

（01）行と（02）行は図3と同じです。

（03）行目の配列Tosenは添え字が0から3までの4つあり、0で初期化しています。この配列は、（14）行目で1加算していき、最後に（18）行目で表示した結果が「A党：2名、B党：1名、C党：3名、D党：0名」ですから、Tosenは各党の当選者数を表すことがわかります。

　　　　配列Tosenは各党の当選者数

（04）行目のtosenkeiは0で初期化され、（15）行目で1加算されていきますから、「当選の合計」を意味するのでしょう。

　　　　tosenkeiは当選の合計

（05）行目の「giseki = 6」は、表1の直後のKさんの発言に「今回の議席数は6人だったね」とありますので、この議席数のことでしょう。

　　　　gisekiは議席数

（06）行目から（07）行目の繰り返しは、 ア は3であったことを思い出すと、配列Hikakuを配列Tokuhyoの値で初期化しています。

● セ の解答

（08）行目により、 セ は、

「＜ giseki の間繰り返す：」

のですから、逆にいうとgisekiと等しくなったら終了です。gisekiは初期値が6で、プログラム中で変化していないことから定数です。つまり、 セ が6になったら終了です。

　ということは、 セ の初期値は6より小さく、（08）～（16）行の繰り返しで増加していくはずです。すると、（14）行目のTosen[maxi]か（15）行目のtosenkeiが候補として考えられます。しかし、配列Tosenは各党の当選者数であって単独で6になることはありませんから、残るのはtosenkeiです。つまり、tosenkeiが初期値0で（15）行目を通るたびに1ずつ増加して6になったら（6人全員の議席が確定したら）終了です。

　これで、 セ は選択肢②であることがわかります。

　なお、P.5で「全て大文字の変数は、実行中に変化しない値を表す」と説明しましたが、gisekiは実行中に変化しないにもかかわらず全て小文字です。本文はサンプル問題ですので、ブレがあるのはやむを得ないと考えておきましょう。

● ソ の解答

　 ソ は、（11）行の条件判断の内側にあります。これはさらに（10）～（13）行の繰り返しの内側にあります。この繰り返しでは、ループ変数iが0から3（ア）までの間の4回行われます。

　（11）行の

「max ＜ Hikaku[i]」

が成り立つと、　ソ　と同時に「maxi ＝ i」により、変数maxiが書き換えられます。これが何をしているのか、考えてみましょう。

　最初maxは（09）行目により0ですから、Hikaku[0]の方が必ず大きく、maxiは0になります。次に、繰り返しにより、「max ＜ Hikaku[i]」はこのままでは必ず成り立ち、毎回maxiは書き換えられ、最終的に3まで行ってしまいます。それなら、繰り返しなどという無駄なことはせずに初めから「maxi ＝ 3」とすればよいはずですが、なぜ繰り返すのでしょうか。それは、maxが変化するからです。

　つまり、「max ＜ Hikaku[i]」が成り立ったときのみ、maxが変化するのです。ということは、　ソ　の解答はmaxを変化させる「max ＝」という形をしているはずです。これに該当する選択肢は、⓪、①、②のいずれかです。

　さて、「max ＜ Hikaku[i]」が成り立ったら、「maxi ＝ i」が実行されるのですが、maxiは配列Hikakuの中で最大の値を持つものの添え字でした。ということは、この（10）～（13）行の繰り返しの中で、配列Hikakuの最大値も覚えておかなければなりません。したがって、　ソ　に入るべきものは、選択肢②の「max ＝ Hikaku[i]」です。

　実は、このような方法は最大値を求めるための常套手段なのです。これが逆に最小値を求めるのであれば、変数maxをminとでも変える（そのままでも動作に問題はありませんが）とともに初期値を配列Hikakuの全ての値を上回る値（例えば10,000）にし、（11）行目の不等号の向きを逆にするだけでよいのです。

●　タ　・　チ　の解答

　（16）行目では、Hikaku[maxi]に　タ　を　チ　で割ったものを代入しています。これは、図7の手順3に

「Tokuhyo[maxi]をTosen[maxi] ＋ 1で割った商をHikaku[maxi]に格納する」

とありますので、　タ　は③のTokuhyo[maxi]、　チ　は⑧の（Tosen[maxi] ＋ 1）になります。

●　ツ　・　テ　の解答

　P.48の単独の行（11）の　ツ　・　テ　が出てくる前の会話をもう一度確認してみましょう。

Mさん：候補者が足りなくなったらどういう処理をすれば良いのですか？
先　生：比較した得票で次に大きい得票の政党が繰り上がって議席を取るんだよ。
Mさん：なるほど。では、図9の（11）行目の条件文を次のように修正すればいいですね。当選していない候補者はどこかの政党には必ずいるという前提だけど。

　選択肢を見てみると、　ツ　はand、or、notのいずれかであり、　テ　は必ずKoho[i]と比較しています。

　（11）行は、「もし～ならば」という条件判断（if文）で、基本的には「max ＜ Hikaku[i]」により最大値を探すのですが、最大値が見つかっても、その政党の候補者が不足していたのではダメです（次の2行の処理は行いません）。次の2行の処理を行うためには、

「max ＜ Hikaku[i]」であるとともに「候補者が足りる」

という条件が必要です。
　すると、「ともに」と書いたことでわかるように、　ツ　はandですから、選択肢⓪です。
　　テ　は「候補者が足りる」を表現した式を探します。結論からいうと、選択肢⓪の

「Koho[i] ＞＝ Tosen[i] ＋ 1」

です。なぜかというと、最大値が見つかったら、（14）行目で

「Tosen[maxi] = Tosen[maxi] + 1」

を行うのですが、この結果が候補者数 (Koho[i]) を超えてしまったらダメです。そのための確認としては、

「Koho[i] >= Tosen[i] + 1」

になります。

　選択肢①のように「Koho[i] < Tosen[i] + 1」では当選者数が候補者数を上回ってしまうので、(12)～(13) 行の処理を行うわけにはいきません。

　選択肢②のように「Koho[i] >= Tosen[i]」では (14) 行目で「Tosen[maxi] = Tosen[maxi] + 1」を行うことによって当選者数が候補者数を上回ってしまう可能性があるので、(12)～(13) 行の処理を行うわけにはいきません。「+ 1」を行っても大丈夫ということを確認しておく必要があります。

　選択肢③も選択肢①と同じ理由でダメです。

解答									
問3	セ	②	ソ	②	タ	③	チ	⑧	ツ	⓪
	テ	⓪								

情報Iサンプル問題—第3問

第3問 次の文章を読み，後の問い（問1～4）に答えよ。

　S高等学校のサッカー部のマネージャーをしている鈴木さんは、「強いサッカーチームと弱いサッカーチームの違いはどこにあるのか」というテーマについて研究している。鈴木さんは、ある年のサッカーのワールドカップにおいて、予選で敗退したチーム（予選敗退チーム）と、予選を通過し、決勝トーナメントに進出したチーム（決勝進出チーム）との違いを、データに基づいて分析することにした。このデータで各国の代表の32チームの中で、決勝進出チームは16チーム、予選敗退チームは16チームであった。

　分析対象となるデータは、各チームについて、以下のとおりである。

● 試合数… 大会期間中に行った試合数
● 総得点… 大会で行った試合すべてで獲得した得点の合計
● ショートパス本数… 全試合で行った短い距離のパスのうち成功した本数の合計
● ロングパス本数… 全試合で行った長い距離のパスのうち成功した本数の合計
● 反則回数… 全試合において審判から取られた反則回数の合計

　鈴木さんは、決勝進出チームと予選敗退チームの違いについて、このデータを基に、各項目間の関係を調べることにした。データの加工には、表計算ソフトウェアを活用し、表1のデータシートを作成した。

　決勝進出チームと予選敗退チームの違いを調べるために、決勝進出の有無は、決勝進出であれば1、予選敗退であれば0とした。また、チームごとに試合数が異なるので、各項目を1試合当たりの数値に変換した。

表1　ある年のサッカーのワールドカップのデータの一部（データシート）

	A	B	C	D	E	F	G	H	I	J	K
1	チームID	試合数	総得点	ショートパス本数	ロングパス本数	反則回数	決勝進出の有無	1試合当たりの得点	1試合当たりのショートパス本数	1試合当たりのロングパス本数	1試合当たりの反則回数
2	T01	3	1	834	328	5	0	0.33	278.00	109.33	1.67
3	T02	5	11	1923	510	12	1	2.20	384.60	102.00	2.40
4	T03	3	1	650	269	11	0	0.33	216.67	89.67	3.67
5	T04	7	12	2257	711	11	1	1.71	322.43	101.57	1.57
6	T05	3	2	741	234	8	0	0.67	247.00	78.00	2.67
7	T06	5	5	1600	555	9	1	1.00	320.00	111.00	1.80

また、データシートを基に、統計処理ソフトウェアを用いて、図1を作成した。

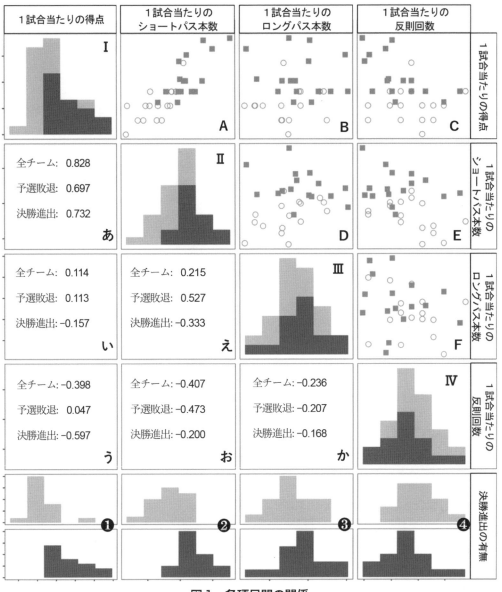

図1　各項目間の関係

　図1のⅠ～Ⅳは、それぞれの項目の全参加チームのヒストグラムを決勝進出チームと予選敗退チームとで色分けしたものであり、❶～❹は決勝進出チームと予選敗退チームに分けて作成したヒストグラムである。あ～かは、それぞれの二つの項目の全参加チームと決勝進出チーム、予選敗退チームのそれぞれに限定した相関係数である。またA～Fは、それぞれの二つの項目の散布図を決勝進出チームと予選敗退チームをマークで区別して描いている。例えば、図1のAは縦軸を「1試合当たりの得点」、横軸を「1試合当たりのショートパス本数」とした散布図であり、それに対応した相関係数はあで表されている。

問1では、図1を調べます。

次の問い（a・b）に答えよ。

a 次の文章を読み、空欄 ア ～ ウ に入れる最も適当なものをそれぞれの解答群のうちから一つずつ選べ。ただし、空欄 ア ・ イ の順序は問わない。

図1を見ると、予選敗退チームにおいてはほとんど相関がないが、決勝進出チームについて負の相関がある項目の組合せは、1試合当たりの ア と イ である。また、決勝進出チームと予選敗退チームとで、相関係数の符号が逆符号であり、その差が最も大きくなっている関係を表している散布図は ウ である。したがって、散布図の二つの記号のどちらが決勝進出チームを表しているかが分かった。

ア ・ イ の解答群
⓪ 得点 ① ショートパス本数 ② ロングパス本数 ③ 反則回数

ウ の解答群
⓪ A ① B ② C ③ D ④ E ⑤ F

b 図1から読み取れることとして**誤っているもの**を解答群から一つ選べ。 エ

エ の解答群
⓪ それぞれの散布図の中で、決勝進出チームは黒い四角形（■）、予選敗退チームは白い円（○）で表されている。
① 全参加チームを対象としてみたとき、最も強い相関がある項目の組合せは1試合あたりの得点と1試合あたりのショートパス本数である。
② 全参加チームについて正の相関がある項目の組合せの中には、決勝進出チーム、予選敗退チームのいずれも負の相関となっているものがある。
③ 1試合当たりのショートパス本数の分布を表すグラフ❷で、下の段は決勝進出チームのヒストグラムである。

解説

問いの解説の前に、散布図と相関係数について補足説明します。

■散布図と相関係数とは

散布図は、2つの項目を横軸と縦軸にとってデータの点を打ち（プロット＝Plotするという）、その点のばらつき具合から2つの項目の間に関係性があるかどうかを調べるものです。

点が右上がりになっていれば**正の相関**があるといい、相関係数がプラスになります。相関係数は、1に近いほど正の相関が強くなります。

逆に、点が右下がりになっていれば（一方が増えるとき他方が減れば）**負の相関**があるといい、相関係数がマイナスになります。相関係数は、－1に近いほど負の相関が強くなります。

2つの項目の間に関係がなければ、グラフは全体的にばらついていて、相関係数は0に近くなります。**無相関**といいます。

今の場合、縦軸と横軸の意味は説明してありますが、○と■のうち、どちらが決勝進出チームで、どちらが予選敗退チームなのかはまだ明らかではありません。

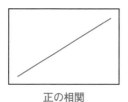

| 正の相関 | 負の相関 | 無相関 |

散布図の例

問1-a 散布図と相関係数を読む

●　ア　・　イ　の解答

「図1を見ると、予選敗退チームにおいてはほとんど相関がない」とありますが、**あ～か**の予選敗退チームの相関係数は順に、

「0.697、0.113、0.047、0.527、－0.473、－0.207」

ですから、ほとんど相関がないのは**う**の0.047です。**う**の決勝進出チームの相関係数は－0.597ですから、確かに負の相関です。これが何のグラフを示しているのかというと、図1の後の説明で、

「**A**は縦軸を『1試合当たりの得点』、横軸を『1試合当たりのショートパス本数』とした散布図であり、それに対応した相関係数は**あ**で表されている」

とありますが、**あ**の上端を見てみると「1試合当たりの得点」であり、右端が「1試合当たりのショートパス本数」となっていますから、これらを縦横逆に見ればよいことがわかります。

すると、**う**の上端は「1試合当たりの得点」であり、右端は「1試合当たりの反則回数」ですから、　ア　・　イ　には選択肢⓪の得点と選択肢③の反則回数が順不同で入ることがわかります。

また、**あ・い・う・え・お・か**の上端と右端の関係から、これらは順に **A・B・C・D・E・F**に対応することがわかります。

● ウ の解答

 ウ については、

「決勝進出チームと予選敗退チームとで、相関係数の符号が逆符号であり、その差が最も大きくなっている関係を表している散布図」

を探すわけですので、相関係数が逆符号のものをみると、

いの「0.113、−0.157」、**う**の「0.047、−0.597」、**え**の「0.527、−0.333」

です。この3つの中でその差が最大のものは**え**の「0.527、−0.333」です。

　えは、4番目の相関係数ですから、4番目のグラフである**D**に相当します。よって、 ウ は選択肢の③となります。**D**を見てみると、○が正の相関（右上がり）ですから予選敗退チームであり、■が負の相関（右下がり）ですから決勝進出チームであることがわかります。

問1-b 正の相関、負の相関を正しく読み解く

● エ の解答

　選択肢を一つずつ吟味してみます。誤っているものを探します。

　⓪については、前述のように「決勝進出チームは黒い四角形（■）、予選敗退チームは白い円（○）で表されている」ことがわかりましたから、正しい記述です。したがって、正答ではありません。

　①については、全参加チームを対象としてみたときの相関係数は、**あ〜か**の順に、

0.828、0.114、−0.398、0.215、−0.407、−0.236

であり、最も絶対値が大きいのは**あ**の0.828です。**あ**のグラフは

「縦軸を『1試合当たりの得点』、横軸を『1試合当たりのショートパス本数』」

としていることがわかっていますから、正しい記述です。したがって、正答ではありません。

　②については、「全参加チームについて正の相関がある」のは、**あ・い・え**の3つです。これらの予選敗退チームと決勝進出チームの相関係数は順に、

「0.697、0.732」、「0.113、−0.157」、「0.527、−0.333」

であり、「いずれも負の相関となっているもの」はありませんから、誤った記述です。したがって、これが正答です。

　ただ、図1を見るまでもなく、「全参加チームについて正の相関がある項目の組合せ」である以上、決勝進出チームと予選敗退チームで正負逆になっているものはあるかもしれませんが、いずれも負の相関となっているものなど存在するはずがないのです。

　③については、図1の説明を見てみると、

「図1のⅠ〜Ⅳは、それぞれの項目の全参加チームのヒストグラムを決勝進出チームと予選敗退チームとで色分けしたものであり、❶〜❹は決勝進出チームと予選敗退チームに分けて作成したヒストグラムである」

となっています。これだけ読むと「？」となってしまい、「Ⅰ〜Ⅳと❶〜❹の関係は一体どうなっているんだ？」と思

いますが、Ⅰ～Ⅳは積み上げ棒グラフといい、❶～❹の別々に作成したヒストグラムを合体させた（積み重ねた）ものなのです。この問題は、こういうことを見抜けるかどうかもチェックしているのです。

　さて、❷に対応するＡのグラフを見てみると、決勝進出チームである■が右に寄っています。❷のヒストグラムも下の段は右に寄っていますから、間違いなく決勝進出チームです。ですから正しい記述であり、正答ではありません。

解答

問1	a	ア ・ イ	⓪ ③ （順不同）	ウ ③	b	エ ②

問2は、回帰直線とその計算についての出題です。

問 2

次の文章を読み、空欄 オカ ～ クケ に当てはまる数字をマークせよ。

鈴木さんは、図1から、1試合当たりの得点とショートパス本数の関係に着目し、さらに詳しく調べるために、1試合当たりの得点をショートパス本数で予測する回帰直線を、決勝進出チームと予選敗退チームとに分けて図2のように作成した。

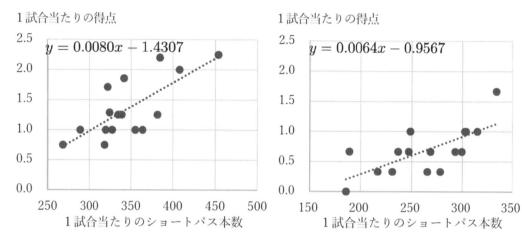

図2 決勝進出チーム（左）と予選敗退チーム（右）の
1試合当たりの得点とショートパス本数の回帰直線

鈴木さんは、この結果からショートパス100本につき、1試合当たりの得点増加数を決勝進出チームと予選敗退チームで比べた場合、0. オカ 点の差があり、ショートパスの数に対する得点の増加量は決勝進出チームの方が大きいと考えた。

また、1試合当たりのショートパスが320本のとき、回帰直線から予測できる得点の差は、決勝進出チームと予選敗退チームで、小数第3位を四捨五入して計算すると、0.0 キ 点の差があることが分かった。鈴木さんは、グラフからは傾きに大きな差が見られないこの二つの回帰直線について、実際に計算してみると差を見つけられることが実感できた。

さらに、ある決勝進出チームは、1試合当たりのショートパス本数が384.2本で、1試合当たりの得点が2.20点であったが、実際の1試合当たりの得点と回帰直線による予測値との差は、小数第3位を四捨五入した値で0. クケ 点であった。

問2 回帰直線

● オカ の解答

回帰直線は、計算結果のyとデータの差が最も小さくなるように計算されたものです。xにかかっている係数は相関係数とは別物で、直線の傾きを表しています。

鈴木さんは、

「この結果からショートパス100本につき、1試合当たりの得点増加数を決勝進出チームと予選敗退チームで比べた場合、0.オカ 点の差があり、ショートパスの数に対する得点の増加量は決勝進出チームの方が大きいと考えた」

わけです。

この

「ショートパス100本につき、1試合当たりの得点増加数」

は何によって求められるかというと、yを計算したものではありません。「増加分」は、あくまでも「ショートパス100本」に対するものです。

図2を見てみると「1試合当たりのショートパス本数」は横軸ですから、$x = 100$としたときに傾きをかけたものが、

「ショートパス100本につき、1試合当たりの得点増加数」

です。では、計算してみましょう。

左側：$0.0080 \times 100 = 0.8$
右側：$0.0064 \times 100 = 0.64$

両者の差は、

$0.8 - 0.64 = 0.16$

ですから、 オカ は16が答えです。よって、 オ は①、 カ は⑥となります。

また、左側の決勝進出チームのショートパスの数に対する得点の増加量は0.8と予選敗退チームの0.64より大きいですから、鈴木さんの考えと一致しています。

● キ の解答

キ は、

「1試合当たりのショートパスが320本のとき、回帰直線から予測できる得点の差」

ですから、yを求めます。実際に計算してみましょう。図2の2つの回帰直線において$x = 320$とした場合を計算します。

左：$y = 0.0080 \times 320 - 1.4307 = 2.56 - 1.4307 = 1.1293$
右：$y = 0.0064 \times 320 - 0.9567 = 2.048 - 0.9567 = 1.0913$

ですから、左から右を引いてみると、

$$1.1293 - 1.0913 = 0.038$$

0.038の小数第3位は8ですから、四捨五入すると0.04になりますので、　キ　は④が答えです。

● クケ の解答

クケ については、$x = 384.2$としてyを求めます。決勝進出チームですから、左の式を使います。

$$左：y = 0.0080 \times 384.2 - 1.4307 = 3.0736 - 1.4307 = 1.6429$$

しかし、実際には2.20でしたから、その差は

$$2.20 - 1.6429 = 0.5571$$

です。0.5571の小数第3位は7ですから、四捨五入して0.56になります。よって、　ク　は⑤、　ケ　は⑥
が答えです。

解答				
問2 オ ①	カ ⑥	キ ④	ク ⑤	ケ ⑥

問3

次の文章を読み、空欄 コ ・ サ に入れるのに最も適当なものを解答群
のうちから一つずつ選べ。ただし、空欄 コ ・ サ の順序は問わない。

鈴木さんは、さらに分析を進めるために、データシートを基に、決勝進出チームと予選敗退チームに
分けて平均値や四分位数などの基本的な統計量を算出し、表2を作成した。このシートを「分析シート」
と呼ぶ。

表2　1試合当たりのデータに関する基本的な統計量（分析シート）

	A	B	C	D	E	F	G	H	I
1		決勝進出チーム				予選敗退チーム			
2	統計量	1試合当たりの得点	1試合当たりのショートパス本数	1試合当たりのロングパス本数	1試合当たりの反則回数	1試合当たりの得点	1試合当たりのショートパス本数	1試合当たりのロングパス本数	1試合当たりの反則回数
3	合計	21.56	5532.21	1564.19	41.30	11.00	4213.33	1474.33	48.00
4	最小値	0.75	268.00	74.40	1.50	0.00	185.67	73.67	1.67
5	第1四分位数	1.00	321.82	92.25	2.10	0.33	235.25	87.67	2.58
6	第2四分位数	1.25	336.88	96.02	2.40	0.67	266.83	91.67	3.00
7	第3四分位数	1.75	368.33	103.50	3.00	1.00	300.08	98.00	3.42
8	最大値	2.25	453.50	118.40	4.50	1.67	334.00	109.33	4.67
9	分散	0.23	1926.74	137.79	0.67	0.15	1824.08	106.61	0.61
10	標準偏差	0.48	43.89	11.74	0.82	0.38	42.71	10.33	0.78
11	平均値	1.35	345.76	97.76	2.58	0.69	263.33	92.15	3.00

鈴木さんは、この分析シートから コ と サ について正しいことを確認した。

コ ・ サ の解答群

⓪ 1試合当たりのロングパス本数のデータの散らばりを四分位範囲の視点で見ると、決勝進出チー
ムよりも予選敗退チームの方が小さい。

① 1試合当たりのショートパス本数は、決勝進出チームと予選敗退チームともに中央値より平均値
の方が小さい。

② 1試合当たりのショートパス本数を見ると、決勝進出チームの第1四分位数は予選敗退チーム
の中央値より小さい。

③ 1試合当たりの反則回数の標準偏差を比べると、決勝進出チームの方が予選敗退チームよりも
散らばりが大きい。

④ 1試合当たりの反則回数の予選敗退チームの第1四分位数は、決勝進出チームの中央値より小
さい。

問3 まずは表2の見方から理解する

まず、表2の見方を復習しておきましょう。

4行目の**最小値**は、「最も小さい値」ですから、特に説明は必要ないでしょう。

5行目の**第1四分位数**は、「データを小さい順に並べたとき、下から1/4のところにくるデータ」です。

6行目の**第2四分位数**は、「データを小さい順に並べたとき、下から2/4（つまり半分）のところにくるデータ」です。別名**中央値**ともいいます。

7行目の**第3四分位数**は、「データを小さい順に並べたとき、下から3/4のところにくるデータ」です。以上、第1四分位数から第3四分位数までをまとめて**四分位数**といいます。

8行目の**最大値**は、「最も大きい値」ですから、特に説明は必要ないでしょう。

9行目の**分散**は、「各データと平均値との差の平方（2乗）の平均値」です。なぜ平方を取るのかというと、差がマイナスになることがあるため、プラスと打ち消されてしまうのを防ぐためです。式で書くと、次のようになります。

$$\text{分散 } s^2 = \frac{1}{n} \sum_{i=1}^{n} (x_i - \bar{x})^2$$

上の式でx_iは各データであり、$\bar{x}$は各データの平均値です。

10行目の**標準偏差**は、「分散の平方根」です。2乗したままでは値が大きすぎるので、元に戻すのです。

$$\text{標準偏差 } s = \sqrt{s^2}$$

これが何を意味しているのかというと、平均値±標準偏差の範囲に約68%のデータが収まるのです。また、平均値±2×標準偏差の範囲には約95%のデータが収まります。そのため、標準偏差が小さい方が「バラつきが小さく」、標準偏差が大きいと「バラつきが大きい」です。

11行目の平均値は、説明は不要でしょう。データの合計を個数で割るだけです。

● ［　コ　］・［　サ　］の解答

選択肢を一つずつ吟味してみます。

⓪は、

「1試合当たりのロングパス本数のデータの散らばりを四分位範囲の視点で見る」

ということですが、今の場合は、

範囲＝第3四分位数 － 第1四分位数

です。そこで、2つの差を見てみます。

決勝進出チーム：第3四分位数－第1四分位数＝103.50 － 92.25 ＝ 11.25
予選敗退チーム：第3四分位数－第1四分位数＝ 98.00 － 87.67 ＝ 10.33 ◀ 小さい

すると、確かに

「決勝進出チームよりも予選敗退チームの方が小さい」

ですから、これが1つ目の正答です。

①は、中央値とは第2四分位数のことですから、1試合当たりのショートパス本数における中央値（第2四分位数）と平均値を比較してみます。

決勝進出チーム：中央値（第2四分位数）＝336.88、平均値＝345.76
予選敗退チーム：中央値（第2四分位数）＝266.83、平均値＝263.33

すると、予選敗退チームにおいては平均値の方が小さいですが、決勝進出チームにおいては平均値の方が大きいですから、「決勝進出チームと予選敗退チームともに中央値より平均値の方が小さい」というのは誤りです。

②は、1試合当たりのショートパス本数における指定の値を比べてみると、次のようになります。

決勝進出チームの第1四分位数　　　　　＝ 321.82　←大きい
予選敗退チームの中央値（第2四分位数）＝ 266.83

すると、「決勝進出チームの第1四分位数は予選敗退チームの中央値より小さい」というのは誤りです。

③は、「1試合当たりの反則回数の標準偏差」を比べてみます。

決勝進出チーム＝ 0.82　←大きい
予選敗退チーム＝ 0.78

すると、決勝進出チームの方が、標準偏差が大きいですから、

「決勝進出チームの方が予選敗退チームよりも散らばりが大きい」

というのは、正しい記述です。これが、2つ目の正答です。

④は、「1試合当たりの反則回数」の指定の値を比べてみると、次のようになります。

予選敗退チームの第1四分位数　　　　　＝ 2.58　←大きい
決勝進出チームの中央値（第2四分位数）＝ 2.40

すると、「予選敗退チームの第1四分位数は、決勝進出チームの中央値より小さい」というのは誤りです。

解答
問3　　コ　・　サ　　⓪ ③ （順不同）

次の文章を読み、空欄 シ に入れる最も適当なものを解答群のうちから一つ選べ。また、 ス ・ セソ については、当てはまる数字をマークせよ。

鈴木さんは、作成した図1と表2の両方から、 シ ことに気づき、決勝進出の有無と1試合当たりの反則回数の関係に着目した。そこで、全参加チームにおける1試合当たりの反則回数の第1四分位数 (Q1) 未満のもの、第3四分位数 (Q3) を超えるもの、Q1以上Q3以下の範囲のものの三つに分け、それと決勝進出の有無で、次の表3のクロス集計表に全参加チームを分類した。ただし、※の箇所は値を隠してある。

表3 決勝進出の有無と1試合当たりの反則回数に基づくクロス集計表

| | 1試合当たりの反則回数 | | | |
	Q1 未満	Q1 以上 Q3 以下	Q3 を超える	計
決勝進出チーム	※	※	※	16
予選敗退チーム	2	※	ス	16
全参加チーム	8	※	7	32

この表から、決勝進出チームと予選敗退チームの傾向が異なることに気づいた鈴木さんは、割合に着目してみようと考えた。決勝進出チームのうち1試合当たりの反則回数が全参加チームにおける第3四分位数を超えるチームの割合は約19%であった。また、1試合当たりの反則回数がその第1四分位数より小さいチームの中で決勝進出したチームの割合は セソ %であった。

その後、鈴木さんはこの分析の結果を顧問の先生に相談し、部活動のメンバーにも報告した。そして、分析の結果を参考にしてサッカー部の今後の練習計画と目標を再設定するとともに、さらなる知見が得られないか分析を進めることとした。

シ の解答群

⓪ 1試合当たりの反則回数が最も多いチームは、決勝進出チームである

① 1試合当たりの反則回数と1試合当たりの得点の間には、全参加チームにおいて正の相関がある

② 1試合当たりの反則回数と1試合当たりの得点の間には、決勝進出チームと予選敗退チームのそれぞれで負の相関がある

③ 図1の❹のヒストグラムでは決勝進出チームの方が予選敗退チームより分布が左にずれている

問4 図1のCグラフと表3はどのように読み解くか

● シ の解答

各選択肢を吟味してみます。

⓪は、反則回数が出てくる図1のCのグラフを見てみます。これは、縦軸が「1試合当たりの得点」で、横軸が「1試合当たりの反則回数」ですから、「1試合当たりの反則回数が最も多いチーム」は最も右に来ます。Cのグラフを見てみると、最も右には〇があります。これは、予選敗退チームであることが既にわかっていますから、「1試合当たりの反則回数が最も多いチームは、決勝進出チームである」というのは誤りです。

①は、「1試合当たりの反則回数と1試合当たりの得点」のグラフはCですが、Cは3番目のグラフですから、その相関係数は3番目の**う**です。全チームの相関係数は−0.398ですから、「全参加チームにおいて正の相関がある」というのは誤りです。

②は、①と同じ**く**と**う**を見てみると、予選敗退チームの相関係数は0.047ですから、「決勝進出チームと予選敗退チームのそれぞれで負の相関がある」というのは誤りです。

③は、問1-bの エ を吟味したときに、決勝進出チームは下の段であることがわかっていますが、確かに

「図1の❹のヒストグラムでは決勝進出チームの方が予選敗退チームより分布が左にずれて」

います。よって、これが正答です。

●表3の見方

説明の都合上、表3の※の箇所に番号を付けてみます。

表3-1　決勝進出の有無と1試合当たりの反則回数に基づくクロス集計表 (改変)

	1試合当たりの反則回数			
	Q1 未満	Q1 以上 Q3 以下	Q3 を超える	計
決勝進出チーム	(1) ※	(2) ※	(3) ※	16
予選敗退チーム	2	(4) ※	ス	16
全参加チーム	8	(5) ※	7	32

横1行の合計が右端に書いてありますし、縦1列の合計が最下段に書いてありますので、次の式が成り立ちます。

横1行

(1) + (2) + (3) = 16

2 + (4) + ス = 16

8 + (5) + 7 = 32

縦1列

(1) + 2 = 8

(2) + (4) = (5)

(3) + ス = 7

65

● ス の解答

前述の式で「(3) + ス = 7」ですから、

ス = 7 − (3)

です。では(3)はいくつかというと、表3の下2行目にある

「決勝進出チームのうち1試合当たりの反則回数が全参加チームにおける第3四分位数を超えるチームの割合は約19%であった」

という記述からわかります。決勝進出チームは16ですから、次のようになります。

(3) = 16 × 19 ÷ 100 = 3.04

四捨五入して(3)は3ですから、これで、 ス がわかります。

ス = 7 − (3) = 7 − 3 = 4

よって、 ス は④です。

● セソ の解答

「1試合当たりの反則回数がその第1四分位数より小さいチームの中で決勝進出したチーム」

というのは、先ほど付けた番号の(1)に該当します。これは、縦の合計の式から求まります。

(1) + 2 = 8
∴ (1) = 8 − 2 = 6

すると、その割合は、次のようになります。

割合 = 6 ÷ 8 × 100 = 75%

よって、 セ は⑦、 ソ は⑤です。

以上をまとめると、次のようになります。

表3-2　決勝進出の有無と1試合当たりの反則回数に基づくクロス集計表（改変）

計16×19%＝3

	1試合当たりの反則回数			
	Q1 未満	Q1 以上 Q3 以下	Q3 を超える	計
決勝進出チーム	(1) ※	(2) ※	(3) ※	16
予選敗退チーム	2	(4) ※	ス	16
全参加チーム	8	(5) ※	7	32

8−2=6
6は8の75%

7−3=4

　なお、クロス（Cross＝交差する）集計表とは、上記のように項目をかけ合わせて集計した表のことです。表の上側（横軸。今の場合は1試合当たりの反則回数）を表頭といい、表の左側（縦軸。今の場合は決勝進出チーム、予選敗退チーム、全参加チーム）を表側といいます。普通は表側を「原因」、表頭を「結果」として因果関係を説明します。

解答							
問4	シ	③	ス	④	セ	⑦	ソ	⑤

第2章

試作問題

大学入学共通テスト 情報I

※出典：独立行政法人大学入試センター　公開問題「令和７年度大学入学共通テスト 試作問題『情報I』」

※147ページに答案用紙がありますので、ご利用ください。

情報I試作問題 — 第1問

第1問 次の問い(問1〜4)に答えよ。(配点20)

問 1 インターネットを使ったサービス利用に関する次の問い(a・b)に答えよ。

a SNSやメール、Webサイトを利用する際の注意や判断として、適当なものを、次の⓪〜⑤のうちから二つ選べ。ただし、解答の順序は問わない。 ア ・ イ

⓪ 相手からのメッセージにはどんなときでも早く返信しなければいけない。
① 信頼関係のある相手とSNSやメールでやり取りする際も、悪意を持った者がなりすましている可能性を頭に入れておくべきである。
② Webページに匿名で投稿した場合は、本人が特定されることはない。
③ SNSの非公開グループでは、どんなグループであっても、個人情報を書き込んでも問題はない。
④ 一般によく知られているアニメのキャラクターの画像をSNSのプロフィール画像に許可なく掲載することは、著作権の侵害にあたる。
⑤ 芸能人は多くの人に知られていることから肖像権の対象外となるため、芸能人の写真をSNSに掲載してもよい。

b インターネット上の情報の信ぴょう性を確かめる方法として、最も適当なものを次の⓪〜③のうちから一つ選べ。 ウ

⓪ 検索エンジンの検索結果で、上位に表示されているかどうかで判断する。
① Q&Aサイトの回答は、多くの人に支持されているベストアンサーに選ばれているかどうかで判断する。
② SNSに投稿された情報は、共有や「いいね」の数が多いかどうかで判断する。
③ 特定のWebサイトだけでなく、書籍や複数のWebサイトなどを確認し、比較・検証してから判断する。

問1-a インターネットのサービスを利用する際の注意点

● ア ・ イ の解答

選択肢を一つひとつ吟味してみます。

⓪「どんなときでも早く」となると、「授業中などはどうするんだ」ということになります。大人の世界では、自動車の運転中にスマホを操作して事故を起こす事例が絶えません。返信したくとも、「余裕ができるまで待つ」という心構えが重要です。したがって、誤りです。

①この記述の通りで、「悪意を持った者がなりすましている可能性」があることを忘れてはいけません。これが1つ目の正答です。

②匿名で投稿しても、IPアドレスから特定されます。したがって、誤りです。

③個人情報を書き込むには、最大限の注意が必要です。したがって、誤りです。

④この記述の通りです。著作権とは、自分の著作物（写真や動画から、小説・映画などの知的創造物）を独占的に使用できる権利です。著作物は、その作者の許可なく勝手に使用してはいけません。これが2つ目の正答です。

⑤芸能人であっても、肖像権はあります。したがって、許可なく「芸能人の写真をSNSに掲載」するのは違法であり、誤りです。

問1-b 情報の信ぴょう性の確認方法

● ウ の解答

選択肢を一つひとつ吟味してみます。

⓪「検索結果で、上位に」表示されているかどうかと、信ぴょう性は関係がありません。上位には広告が多く、故意に操作して上位に来るようにしている場合が多くあります。このような操作をSEO（Search Engine Optimization）といいます。したがって、誤りです。

①ベストアンサーと信ぴょう性も関係がありません。多くの人が勝手にそう思い込んでいるだけという可能性があります。有名な誤りとして「三十路ってなんですか」という質問に「30代のことです」というベストアンサーがありますが、三十路は30歳丁度のことをいい、31〜39歳の30代は三十路とは関係がありません。したがって、誤りです。

②「いいね」の数も、多くの人が勝手にそう思い込んでいるだけという可能性があります。したがって、誤りです。

③この記述の通りで、「書籍や複数のWebサイトなどを確認し、比較・検証」することが重要です。基本的に「インターネットの情報は怪しい」と疑ってかかることが重要です。これが正答です。

解答						
問1	a	ア ・ イ	① ④ （順不同）	b	ウ	③

□
□ 問 **2** 次の文章の空欄 エ ・ オ に入れるのに最も適当なものを、後の解答群
□　　　　のうちから一つずつ選べ。

　データの通信において、受信したデータに誤りがないか確認する方法の一つにパリティチェック
がある。この方法では、データにパリティビットを追加してデータの誤りを検出する。ここでは、送
信データの1の個数を数えて、1の個数が偶数ならパリティビット0を、1の個数が奇数ならパリティ
ビット1を送信データに追加して通信することを考える。例えば、図1に示すように送信データが
「01000110」の場合、パリティビットが1となるため、パリティビットを追加したデータ「010001101」を
送信側より送信する。

図1　送信データ「01000110」とパリティビット

　受信側では、データの1の個数が偶数か奇数かにより、データの送信時に誤りがあったかどうかを判
定できる。この考え方でいくと、 エ 。
　例えば、16進法で表記した「7A」を2進法で8ビット表記したデータに、図1と同様にパリティビット
を追加したデータは、「 オ 」となる。

　　 エ の解答群
　　　⓪ パリティビットに誤りがあった場合は、データに誤りがあるかどうかを判定できない
　　　① パリティビットを含め、一つのビットの誤りは判定できるが、どのビットに誤りがあるかは分から
　　　　ない
　　　② パリティビットを含め、一つのビットの誤りは判定でき、どのビットに誤りがあるかも分かる
　　　③ パリティビットを含め、二つのビットの誤りは判定できるが、どのビットに誤りがあるかは分から
　　　　ない
　　　④ パリティビットを含め、二つのビットの誤りは判定でき、どのビットに誤りがあるかも分かる

　　 オ の解答群
　　　⓪ 011110100　　　　　① 011110101　　　　　② 011110110
　　　③ 011110111　　　　　④ 101001110　　　　　⑤ 101001111

解説

問2 パリティチェックとパリティビット

● エ の解答

　図1の直後の説明により、「データの1の個数が偶数か奇数かにより」誤りがあったかどうかを判定できるだけです。つまり、場所に関する情報はありません。

　次に、判断できるのは「データの1の個数が偶数か奇数か」だけですから、判定できるのは「一つのビットの誤り」だけです。偶数と奇数は1つずつ違うだけだからです。「二つのビット」に誤りがあると、偶数か奇数かは同じになってしまい、判定できません。

　したがって、①の「パリティビットを含め、一つのビットの誤りは判定できるが、どのビットに誤りがあるかはわからない」が正答になります。

　なお、パリティチェックを垂直方向と水平方向の2つで行う場合は、「どのビットに誤りがあるか」もわかります。

● オ の解答

　16進法で表記した「7A」を2進法に直すには、いったん10進数を経由します。

　最初に、16進法で表記した「7A」を10進法に直します。何進数であっても、各桁の重みは右から順に「n^0、n^1、n^2、・・・」ですから、16進法では右端が$16^0 = 1$、右端から2桁目が$16^1 = 16$になります。

　n進法を10進法に直すには、

「各桁の値×重みの合計を求める」

のですから、計算すると次のようになります。Aは10進法の10を意味します（A = 10、B = 11、C = 12、D = 13、E = 14、F = 15）。

$7 \times 16 + 10 \times 1 = 112 + 10 = 122$

　次に、これを2進法に直します。それには、

「2で割っていき、答えを下に、余りを右に書いていく。割れなくなったら、余りを下から読めば2進法」

の通り、やってみます。

```
2）122    余り
2） 61 … 0
2） 30 … 1
2） 15 … 0
2）  7 … 1
2）  3 … 1
2）  1 … 1
2）  0 … 1
      0 … 0
```

　余りを下から読むと、01111010で、1の個数は5という奇数なので、パリティビットは1。合わせると、011110101なので、①が正答です。

解答

問2	エ ①	オ ①

試作問題　第2章　第1問

73

問3 次の文章を読み、空欄 カ ～ ク に入れるのに最も適当なものを、後の解答群のうちから一つずつ選べ。

　基本的な論理回路には、論理積回路（AND回路）、論理和回路（OR回路）、否定回路（NOT回路）の三つがあげられる。これらの図記号と真理値表は次の表1で示される。真理値表とは、入力と出力の関係を示した表である。

表1　図記号と真理値表

回路名	論理積回路	論理和回路	否定回路
図記号	A B ⟶ AND ⟶ X	A B ⟶ OR ⟶ X	A ⟶ NOT ⟶ X
真理値表	入力 A B / 出力 X 0 0 ｜ 0 0 1 ｜ 0 1 0 ｜ 0 1 1 ｜ 1	入力 A B / 出力 X 0 0 ｜ 0 0 1 ｜ 1 1 0 ｜ 1 1 1 ｜ 1	入力 A / 出力 X 0 ｜ 1 1 ｜ 0

(1)　S航空会社が所有する旅客機の後方には、トイレが二つ（A・B）ある。トイレAとトイレBの両方が同時に使用中になると乗客の座席前にあるパネルのランプが点灯し、乗客にトイレが満室であることを知らせる。入力Aは、トイレAが使用中の場合には1、空いている場合には0とする。Bについても同様である。出力Xはランプが点灯する場合に1、点灯しない場合に0となる。これを実現する論理回路は次の図2である。

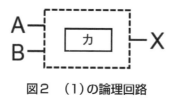

図2　(1)の論理回路

(2)　S航空会社では新しい旅客機を購入することにした。この旅客機では、トイレを三つ（A・B・C）に増やし、三つのうちどれか二つ以上が使用中になったら混雑を知らせるランプを点灯させる。入力や出力は(1)と同様とする。この場合の真理値表は キ で、これを実現する論理回路は図3である。

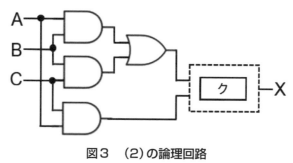

図3　(2)の論理回路

カ 、 ク の解答群

⓪ 　① 　②

③ 　④ 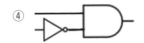　⑤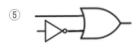

キ の解答群

⓪

入力			出力
A	B	C	X
0	0	0	0
0	0	1	0
0	1	0	0
0	1	1	0
1	0	0	0
1	0	1	0
1	1	0	0
1	1	1	1

①

入力			出力
A	B	C	X
0	0	0	0
0	0	1	1
0	1	0	1
0	1	1	0
1	0	0	1
1	0	1	0
1	1	0	0
1	1	1	1

②

入力			出力
A	B	C	X
0	0	0	0
0	0	1	0
0	1	0	0
0	1	1	1
1	0	0	0
1	0	1	1
1	1	0	1
1	1	1	1

③

入力			出力
A	B	C	X
0	0	0	0
0	0	1	1
0	1	0	1
0	1	1	1
1	0	0	1
1	0	1	1
1	1	0	1
1	1	1	1

問3 論理回路

● カ の解答

（1）より「両方が同時に使用中」になると、「ランプが点灯」するのですから、片方だけではランプは点灯しません。すると、これは表1の真理値表から明らかなように「論理積回路」になります。したがって、正答は⓪です。

● キ の解答

（2）より、「どれか二つ以上が使用中」になったら、「ランプを点灯」させるのですから、選択肢を吟味してみます。

まず、最下行の3つとも使用中（1）の場合は全て点灯（1）ですから、この点からは絞り込めません。

⓪は、中ほどの「011」のときに出力が0ですから、誤りです。

①も、「001」のときに出力が1で、「011」のときに出力が0ですから、誤りです。

②は、「011」、「101」、「110」のときに出力1ですから、正しいことがわかります。これが正答です。

③は、「000」以外全て（入力で1が1つでもあれば）出力1ですから、誤りです。

● ク の解答

図3の論理回路の左側3個は論理積回路です。一番上の論理積回路は、AとBが同時に使用中（1）の場合にのみ1になります。

上から2番目の論理積回路は、BとCが同時に使用中（1）の場合にのみ1になります。

1番下の論理積回路は、AとCが同時に使用中（1）の場合にのみ1になります。

そして、「どれか二つ以上が使用中」になったら、「ランプを点灯」させるのですから、3つの論理積回路の出力のうち、どれか1つでも1になったら、「ランプを点灯（出力X＝1）」です。

そのためには、とりあえず上2つの論理積回路の出力の論理和を取っておき、さらにそれと一番下の論理積回路の出力との論理和を取ればよいことになります。したがって、正答は、①の論理和回路になります。

②や③は出力を否定していますので、ランプは点灯しません。④と⑤も一番下の論理積回路の出力を否定してから入力していますので、AとCが同時に使用中は、ランプが点灯しません。

解答					
問3	カ	⓪	キ	②	ク	①

問 **4** 次の文章を読み、空欄 ケ ～ サ に入れるのに最も適当なものを、後の解答群のうちから一つずつ選べ。ただし、空欄 コ ・ サ は解答の順序は問わない。

　情報を整理して表現する方法として、アメリカのリチャード・S・ワーマンが提唱する「究極の5つの帽子掛け」というものがある。これによれば、情報は無限に存在するが、次の5つの基準で情報の整理・分類が可能という。
　　・場所… 物理的な位置を基準にする
　　　　　例：都道府県の人口、大学のキャンパスマップ
　　・アルファベット… 言語的な順番を基準にする（日本語なら五十音）
　　　　　例：辞書、電話帳
　　・時間… 時刻の前後関係を基準にする
　　　　　例：歴史年表、スケジュール
　　・カテゴリー… 物事の差異により区別された領域を基準にする
　　　　　例：生物の分類、図書館の本棚
　　・階層（連続量）… 大小や高低など数量的な変化を基準にする
　　　　　例：重要度順のToDoリスト、ファイルのサイズの大きい順

　この基準によれば、図4の「鉄道の路線図」は ケ を基準にして整理されており、図5のある旅行会社のWebサイトで提供されている「温泉がある宿の満足度評価ランキング」は コ と サ を基準に整理・分類されていると考えられる。

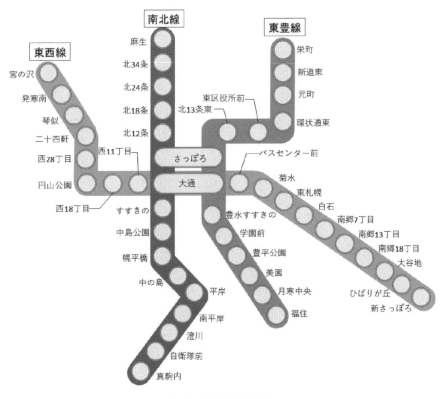

図4　鉄道の路線図

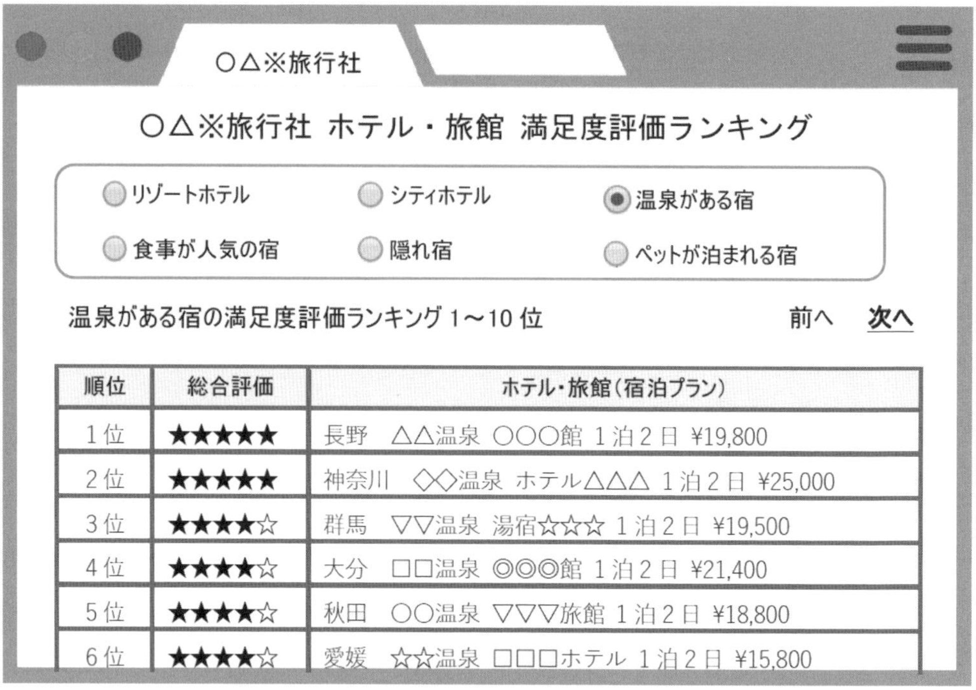

○△※旅行社

○△※旅行社 ホテル・旅館 満足度評価ランキング

- ○ リゾートホテル
- ○ シティホテル
- ● 温泉がある宿
- ○ 食事が人気の宿
- ○ 隠れ宿
- ○ ペットが泊まれる宿

温泉がある宿の満足度評価ランキング 1～10 位　　　　　　　前へ　**次へ**

順位	総合評価	ホテル・旅館（宿泊プラン）
1 位	★★★★★	長野　△△温泉 ○○○館 1 泊 2 日 ¥19,800
2 位	★★★★★	神奈川　◇◇温泉 ホテル△△△ 1 泊 2 日 ¥25,000
3 位	★★★★☆	群馬　▽▽温泉 湯宿☆☆☆ 1 泊 2 日 ¥19,500
4 位	★★★★☆	大分　□□温泉 ◎◎◎館 1 泊 2 日 ¥21,400
5 位	★★★★☆	秋田　○○温泉 ▽▽▽旅館 1 泊 2 日 ¥18,800
6 位	★★★★☆	愛媛　☆☆温泉 □□□ホテル 1 泊 2 日 ¥15,800

図5　温泉がある宿の満足度評価ランキング

ケ ～ サ の解答群

- ⓪ 場所
- ① アルファベット
- ② 時間
- ③ カテゴリー
- ④ 階層（連続量）

78

問4 整理と分類の基準

● ケ の解答

図4の「鉄道の路線図」には駅名が書かれていますので、⓪の「場所」を基準にして整理されています。

他の選択肢を吟味してみると、①のアルファベットはどこにも出てきません。

②の時間も、時刻表ではありませんので、どこにも出てきません。

③のカテゴリーは「生物の分類、図書館の本棚」に見られるものですが、「鉄道の路線図」は駅名の順に表示されているだけで、論理的な分類ではありません。

④の階層（連続量）は「重要度順のToDoリスト、ファイルのサイズの大きい順」に見られるものですが、「鉄道の路線図」は「大小や高低など数量的な変化」とは関係がありません。

● コ ・ サ の解答

各選択肢を吟味してみます。

⓪の「場所」は、 ケ で使いました。また、「温泉がある宿の満足度評価ランキング」には都道府県名は出てきますが、人口は出てきませんし、大学のキャンパスマップのような地図が出てくるわけでもありません。

①の「アルファベット」は、どこにも出てきません。

②の「時間」も出てきません。

③の「カテゴリー」は正答です。図5の上の囲みの中の「リゾートホテル、シティホテル、温泉がある宿、食事が人気の宿、隠れ宿、ペットが泊まれる宿」は「物事の差異により区別された領域」です。

④の「階層（連続量）」も正答です。図5の「温泉がある宿の満足度評価ランキング1〜10位」は、「大小や高低など数量的な変化を基準」にしています。

解答				
問4	ケ ⓪	コ ・ サ	③ ④	（順不同）

第2問　次の問い（A・B）に答えよ。（配点30）

A 次の太郎さんと先生の会話文を読み、問い（問1〜4）に答えよ。

太郎：二次元コードって様々なところで使われていて、便利ですね。

先生：二次元コードといってもいろいろ種類があるけれど、日ごろよく目にするものは日本の企業が考えたんだよ。

太郎：すごい発明ですね。企業だから特許を取ったのでしょうか。

先生：もちろん。　　ア　　世の中で広く使われるようになったんだよ。

太郎：どのくらいの情報を入れられるのでしょうか。

先生：大きさにもよるけど、図1ぐらいの大きさであれば、数字なら187文字、英小文字なら78文字、記号や漢字なら48文字を入れられるよ。二次元コードの形状にはどんな特徴があるかな？

太郎：黒白の小さな正方形で構成されていて、3か所の隅に二重の少し大きな正方形がありますね。

図1　二次元コードの例

先生：黒白の小さな正方形はセルと言って、1と0に符号化されるんだよ。図1の二次元コードは縦×横が33×33のセルで構成されているけど、文字種や文字数などによってセルの縦と横の数が変わり、それにつれて二次元コードの大きさも変わるね。_A3か所の隅にある二重の少し大きな正方形は、読み取り機にこの二次元コードがあることを教えている位置検出の目印なんだ。

太郎：この二次元コードって一部を隠しても正しく読み取れるんですよね。

先生：_B誤り訂正機能だね。工場などでの製品管理でも使えるように、汚れや破損などで一部が読み取れなくても復元できるんだ。読み取れない面積の割合によって復元できるレベルは4段階あるんだ。

太郎：すごい技術ですね。

先生：そうだね。自分でも二次元コードを作成できるから、いろいろ試してみたらどうかな。

☐☐☐ **問1** 空欄　　ア　　に当てはまる文として最も適当なものを、次の⓪〜③のうちから一つ選べ。

⓪ そこで、使用料を高くすることでこの二次元コードの価値が上がったから

① しかし、その後特許権を放棄して誰でも特許が取れるようにしたから

② そして、特許権を行使して管理を厳密にしたから

③ でも、特許権を保有していても権利を行使しないとしていたから

問1 二次元コードの普及

● ア の解答

各選択肢を吟味してみます。

⓪の「使用料を高く」したのでは、他の会社は使おうとしません。したがって、世の中で広く使われるようになりませんから誤りです。

①の「特許権を放棄して」も「誰でも特許が取れる」わけではありません。特許を取るには、特許庁に出願し、審査に通らなければなりません。したがって、誤りです。

②の「管理を厳密にした」のでは、世の中で広く使われるようになりません。したがって、誤りです。

③のように「権利を行使しない」のであれば、誰でも無料で使えますから、世の中で広く使われるようになります。したがって、これが正答です。

解答

問1	ア	③

問 2

下線部Aの目印は、図2のように、例えば（a）〜（c）のどの角度で読み取っても、黒白黒白黒の比が1:1:3:1:1となることで、二次元コードの目印として認識できるようになっている。これは、図3のように円形の目印でも同じと考えられるが、正方形の方が都合がよい。その理由として最も適当なものを、後の⓪〜③のうちから一つ選べ。 イ

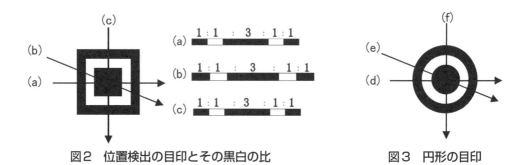

図2　位置検出の目印とその黒白の比　　　　　　図3　円形の目印

⓪ 円形では、（d）〜（f）の角度によって黒白の比が異なってしまい、正しく読み取れなくなる可能性があるから。

① 円形だと上下左右がないので、二次元コードの向きが分からなくなるから。

② プリンタやディスプレイの解像度によっては、正方形の目印に比べて正しく読み取れる小さな円形の目印を作ることが難しくなるから。

③ 円形では目印が斜めに傾いていても、それを認識することができないため正しく読み取ることができないから。

解説

問2 二次元コードが正方形である理由

●　イ　の解答

各選択肢を吟味してみます。

⓪については、図3を見れば明らかなように、（d）〜（f）は黒白の比は異なりません。したがって、誤りです。

①については、正方形であっても、上下左右がありません。目印が3か所にあればよいのです。したがって、誤りです。

②については、これが正答です。プリンタやディスプレイは点（ドットまたはピクセル）の集まりで文字も図形も表現しますから、直線的な正方形の目印に比べて正しく読み取れる小さな円形の目印を作ることが難しくなります。

③については、⓪でも吟味したように、（d）〜（f）は黒白の比は異なりませんから、円形の目印が斜めに傾いていても、それを認識することができます。したがって、誤りです。

解答

問2　イ　②

問 3

太郎さんは、先生から二次元コードを作成することができる図4のようなWebアプリケーションを教えてもらった。この二次元コード画像作成ツールは、二次元コード化する文字列とセルのサイズ（大きさ）、誤り訂正のレベル（復元能力）、画像ファイル形式を指定すると二次元コードの画像が作成できるものであった。

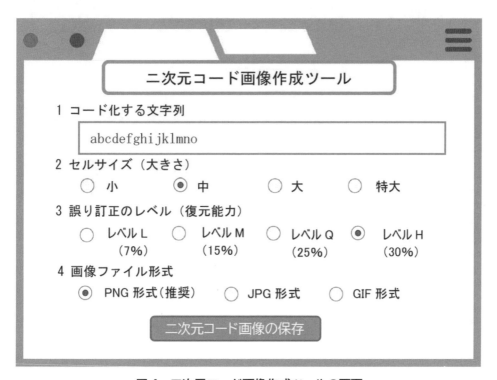

図4　二次元コード画像作成ツールの画面

　下線部Bについて、興味を持った太郎さんは、この作成ツールを使い、二次元コード化する文字列の長さと誤り訂正のレベルによってどのようにセルの縦と横の数が変化するか調べることにした。そこで、試しに英小文字（a〜z）で構成する文字列の文字数をいろいろ変えて二次元コードを作成したところ、表1のようになった。表中のn×nはそれぞれセルの縦と横の数を表している。

　なお、この作成ツールではセルの縦と横の数は自動的に最適な数に調整される。また、復元能力の値（%）が大きいほど誤りを訂正する能力が高いことを表し、例えば、復元能力30%は、二次元コードの面積の最大30%が読み取れなくてもデータを復元できることを意味する。

表1 英小文字のみで構成された文字列の文字数と復元能力を変えて作成した二次元コード

	15 文字	20 文字	30 文字	40 文字
復元能力 7 %	21×21	25×25	25×25	29×29
復元能力 30 %	29×29	29×29	33×33	37×37

　この表1の結果から考えられることとして適当なものを、次の⓪〜⑤のうちから二つ選べ。ただし、解答の順序は問わない。　ウ　・　エ

⓪ 同じ復元能力であれば、文字数に比例してセルの数が多くなり、同じセルの大きさであれば二次元コードも大きくなる。

① 復元能力ごとに、文字数の一定の範囲でセルの縦と横の数が決まり、文字数が多くなるほど段階的にセルの縦と横の数は多くなる。

② 文字数とセルの数には関係が見られない。

③ ある文字列を復元能力30％で作成した二次元コードは、同じ文字列を復元能力7％で作成したものに比べ約4倍のセルの数がある。

④ 復元能力30％にするためには、復元能力7％と比べより多くの情報が必要となる。

⑤ 同じ文字数であれば復元能力を変えてもセルの数は変わらない。

問3 二次元コード画像の作成

● [ウ] ・ [エ] の解答

各選択肢を吟味してみます。

⓪については、表1の復元能力7%で比較してみると、20文字も30文字も「25×25」であって二次元コードは大きくなっていません。したがって、誤りです。これは、復元能力30%でも15文字と20文字がともに「29×29」であって同じ大きさであることからもわかります。

①については、この記述の通りで、「復元能力ごとに、文字数の一定の範囲でセルの縦と横の数が決まり、文字数が多くなるほど段階的にセルの縦と横の数は多く」なっています。これが1つ目の正答です。

②については、上で吟味したように、「文字数とセルの数には関係が見られ」ますから、「関係が見られない」というのは誤りです。

③については、表1の上下で比べてみると、「約4倍」になっていません。「約4倍」になるためには、縦・横それぞれが約2倍にならなくてはなりませんが、そこまでは大きくなっていません。したがって、誤りです。

④については、表1の上下で比べてみると、「復元能力30%にするためには、復元能力7%と比べより多くの情報が必要」です。これが2つ目の正答です。

⑤については、表1の上下で比べてみると、復元能力30%の方が復元能力7%よりもセルの数が増えています。したがって、「同じ文字数であれば復元能力を変えてもセルの数は変わらない」というのは誤りです。

解答

| 問3 | [ウ] ・ [エ] | ① ④ （順不同） |

次に、太郎さんは、図4のWebアプリケーションを使って試しに表2のⅠ〜Ⅲの三つの文字列について二次元コードを作成してみた。復元能力は7%と30%の両方を作成し、セルサイズもいろいろ変えてみたところ、表3に示す二次元コードが作成された。その結果、復元能力7%と30%のそれぞれにおいて作成された二次元コードのセルの数は、Ⅰ〜Ⅲの文字列で異なっていた。また、Ⅰ〜Ⅲの文字列はアルファベットや記号、漢字などが含まれているので、表1の英小文字のみで構成された文字列の文字数とセルの縦と横の関係には必ずしもなっていないことが分かった。表3の空欄　オ　〜　ク　に当てはまる適当な二次元コードを、後の解答群のうちから一つずつ選べ。

表2　二次元コードを作成した文字列

Ⅰ	https://www.example.ne.jp/
Ⅱ	ＤＮＣ高等学校 https://www.example.ne.jp/
Ⅲ	ＤＮＣ高等学校 東京都目黒区駒場*-**-** https://www.example.ne.jp/

表3　Ⅰ〜Ⅲの文字列から作成された二次元コード

Ⅰの二次元コード 復元能力7%	Ⅱの二次元コード 復元能力7% 29×29	Ⅲの二次元コード 復元能力7%
オ		カ
Ⅰの二次元コード 復元能力30% 33×33	Ⅱの二次元コード 復元能力30%	Ⅲの二次元コード 復元能力30%
	キ	ク

オ 〜 ク の解答群

⓪　　　　　33×33

①　　　　　49×49

②　　　　　25×25

③　　　　　37×37

解説

問4　二次元コードのセルの数

●　オ　〜　ク　の解答

　まず、表2のⅠ〜Ⅲは、順に文字数が増えています。したがって、同じ復元能力であれば、ⅠよりもⅡ、ⅡよりもⅢの方がセルの数は同じか多いです。

　わかりやすい方から考えていくと、　オ　は、最も文字数が少ないⅠに対するもので、復元能力も小さい方の7%ですから、セルの数は最も少ないと考えられます。これに該当するのは、②の「25×25」です。

　逆に、　ク　は、最も文字数が多いⅢに対するもので、復元能力も大きい方の30%ですから、セルの数は最も多いと考えられます。これに該当するのは、①の「49×49」です。

　ということは、残りは⓪の「33×33」か③の「37×37」です。

　仮に、　カ　が③の「37×37」で、　キ　が⓪の「33×33」だと仮定してみます。

　すると、　オ　とその右隣が「25×25」と「29×29」とわずかしか増えていないのに、　カ　で③の「37×37」となり、差がありすぎます。また、下段を見ても、左下と　キ　がともに「33×33」なのに　ク　で「49×49」では、やはり差がありすぎます。

　以上で、この仮定が誤りであることがわかるので　カ　と　キ　を逆にして、　カ　が⓪の「33×33」で、　キ　が③の「37×37」だと考える方が自然です。

解答

問4	オ ②	カ ⓪	キ ③	ク ①

B 次の文章を読み、後の問い（問1〜3）に答えよ。

Mさんのクラスでは、文化祭の期間中2日間の日程でクレープを販売することにした。1日目は、慣れないこともあり、客を待たせることが多かった。そこで、1日目が終わったところで、調理の手順を見直すなど改善した場合に、どのように待ち状況が変化するかシミュレーションすることにした。なお、このお店では同時に一人の客しか対応できないとし、客が注文できるクレープは一枚のみと考える。また、注文は前の客に商品を渡してから次の注文を聞くとして考える。

問1 次の文章および表中の空欄 ケ 〜 シ に当てはまる数字をマークせよ。

まず、Mさんは、1日目の記録を分析したところ、注文から商品を渡すまでの**一人の客への対応時間に約4分を要している**ことが分かった。

次に、クラスの記録係が1日目の来客時刻を記録していたので、最初の50人の客の到着間隔を調べたところ、表1の人数のようになった。この人数から相対度数を求め、その累積相対度数を確率とみなして考えてみた。また、到着間隔は一定の範囲をもとに集計しているため、各範囲に対して階級値で考えることにした。

表1　到着間隔と人数

到着間隔（秒）	人数	階級値	相対度数	累積相対度数
0 以上〜 30 未満	6	0 分	0.12	0.12
30 以上〜 90 未満	7	1 分	0.14	0.26
90 以上〜150 未満	8	2 分	0.16	0.42
150 以上〜210 未満	11	3 分	0.22	0.64
210 以上〜270 未満	9	4 分	0.18	0.82
270 以上〜330 未満	4	5 分	0.08	0.90
330 以上〜390 未満	2	6 分	0.04	0.94
390 以上〜450 未満	0	7 分	0.00	0.94
450 以上〜510 未満	1	8 分	0.02	0.96
510 以上〜570 未満	2	9 分	0.04	1.00
570 以上	0	—	—	—

そして、表計算ソフトウェアで生成させた乱数（0以上1未満の数値が同じ確率で出現する一様乱数）を用いて試しに最初の10人の到着間隔を、この表1をもとに導き出したところ、次の表2のようになった。ここでの到着間隔は表1の階級値をもとにしている。なお、1人目は到着間隔0分とした。

表2　乱数から導き出した到着間隔

	生成させた乱数	到着間隔
1人目	－	0分
2人目	0.31	2分
3人目	0.66	4分
4人目	0.41	2分
5人目	0.11	0分
6人目	0.63	3分
7人目	0.43	3分
8人目	0.28	2分
9人目	0.55	3分
10人目	0.95	ケ 分

　表2の結果から10人の客の待ち状況が分かるように、次の図1のように表してみることにした（図1は6人目まで記入）。ここで、待ち時間とは、並び始めてから直前の人の対応時間が終わるまでの時間であり、対応時間中の客は待っている人数に入れないとする。このとき、最も待ち人数が多いときは コ 人であり（これを最大待ち人数という）、客の中で最も待ち時間が長いのは サ シ 分であった。

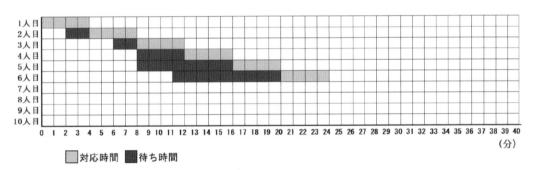

対応時間　待ち時間

図1　シミュレーション結果（作成途中）

問1 乱数

● ケ の解答

ケ については、ほとんどヒントがありません。「乱数（0以上1未満の数値が同じ確率で出現する一様乱数）を用いて試しに最初の10人の到着間隔を、この表1をもとに導き出したところ、次の表2のようになった」と書いてあるだけです。

具体的に、乱数をどのように使用して「10人の到着間隔を、この表1をもとに導き出した」のかはわかりません。

そこで、表1と表2を見比べてみます。すると、表2の乱数は確かに「0以上1未満の数値が同じ確率で出現」しているようです。一方、これと同じような小数を表1から探してみると、相対度数の数値は0.04～0.22の範囲にとどまっていますから、これと直接関連付けるのは無理があるようです。そこで、もう一つの小数である累積相対度数を見てみると、「0以上1以下の数値」ですから、これと何か関係がありそうです。

次に、表2には、同じ到着間隔が何種類かありますので、これらの共通点を探してみます。

到着間隔0分＝乱数0.11
到着間隔2分＝乱数0.31、0.41、0.28
到着間隔3分＝乱数0.63、0.43、0.55
到着間隔4分＝乱数0.66

到着間隔2分の乱数は3種類ありますが、0.28～0.41の範囲であり、直接的な共通点はありません。しかし、表1をよく見てみると、階級値2分のときの累積相対度数0.42よりも小さく、その前の階級値1分のときの累積相対度数0.26よりは大きいことがわかります。そのため、

「乱数の値が、累積相対度数の範囲に入る階級値を持ってきたのではないか？」

という仮説が成り立ちます。

その観点で到着間隔3分の乱数を見てみると、0.43～0.63の範囲であり、確かに表1の階級値3分のときの累積相対度数0.64と2分のときの累積相対度数0.42の範囲に収まっています。どうやら間違いなさそうです。

ちなみに、到着間隔0分の乱数は0.11ですが、表1の階級値0分のときの累積相対度数0.12よりは小さいです。また、到着間隔4分の乱数は0.66ですが、表1の階級値4分のときの累積相対度数0.82と3分のときの累積相対度数0.64の範囲に収まっています。確かに間違いありません。

すると、ケ のときの乱数0.95は、表1の階級値7分のときの累積相対度数0.94と8分のときの累積相対度数0.96の間ですから、8であることがわかります。よって、ケ は⑧となります。

● コ と サ シ の解答

コ と サ シ は、図1を完成させなければわかりません。そこで、図1を見てみると、次のようになっていることがわかります。

1人目：到着間隔0分ですから待ち時間はなしで対応時間の4分が始まります。

2人目：到着間隔2分ですから1人目の後の横軸2分のところから待ち時間が始まります。「待ち時間とは、並び始めてから直前の人の対応時間が終わるまでの時間」ですから、1人目の対応時間が終わる4分目まで続きます。そして、その後に自分の対応時間4分が始まります。

3人目：到着間隔4分ですから、2人目の到着時刻2分に4分を足した6分から待ち時間が始まります。これは、2人目の対応時間が終わる8分まで続きます。そして、その後に自分の対応時間4分が始まります。

4人目：到着間隔2分ですから、3人目の到着時刻6分に2分を足した8分から待ち時間が始まります。これは、3人目の対応時間が終わる12分まで続きます。そして、その後に自分の対応時間4分が始まります。

5人目：到着間隔0分ですから、4人目の到着時刻と同じ8分から待ち時間が始まります。これは、4人目の対応時間が終わる16分まで続きます。そして、その後に自分の対応時間4分が始まります。

6人目：到着間隔3分ですから、5人目の到着時刻8分に3分を足した11分から待ち時間が始まります。これは、5人目の対応時間が終わる20分まで続きます。そして、その後に自分の対応時間4分が始まります。

　以上のことがわかれば、あとはそれを真似するだけです。次のようになります。

7人目：到着間隔3分ですから、6人目の到着時刻11分に3分を足した14分から待ち時間が始まります。これは、6人目の対応時間が終わる24分まで続きます。そして、その後に自分の対応時間4分が始まり、28分まで続きます。

8人目：到着間隔2分ですから、7人目の到着時刻14分に2分を足した16分から待ち時間が始まります。これは、7人目の対応時間が終わる28分まで続きます。そして、その後に自分の対応時間4分が始まり、32分まで続きます。

9人目：到着間隔3分ですから、8人目の到着時刻16分に3分を足した19分から待ち時間が始まります。これは、8人目の対応時間が終わる32分まで続きます。そして、その後に自分の対応時間4分が始まり、36分まで続きます。

10人目：到着間隔8分ですから、9人目の到着時刻19分に8分を足した27分から待ち時間が始まります。これは、9人目の対応時間が終わる36分まで続きます。そして、その後に自分の対応時間4分が始まり、40分まで続きます。

　以上を図1に記入すると、次のようになります。

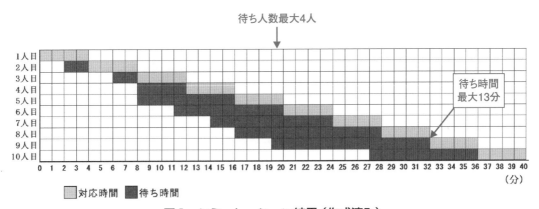

図1　シミュレーション結果（作成済み）

　$\boxed{コ}$は、「最も待ち人数が多いとき」の人数ですから、縦の並びで見て、待ち時間の濃い網掛けが一番重なっているところを探します。すると、19分から20分にかけて、濃い網掛けが4段になっていることがわかります。これが最大です。これらは、6〜9人目の4人です。よって、$\boxed{コ}$は④です。

　$\boxed{サ}$ $\boxed{シ}$は、「客の中で最も待ち時間が長いの」を探すのですから、横方向で見て待ち時間の濃い網掛けが一番長いものを探します。すると、9人目が19分から32分にかけて13分待っているのが最大であることがわかります。よって、$\boxed{サ}$は①、$\boxed{シ}$は③となります。

解答					
問1	ケ	⑧	コ	④	サ・シ ①③

問2 図1の結果は、客が10人のときであったので、Mさんは、もっと多くの客が来た場合の待ち状況がどのようになるか知りたいと考えた。そこでMさんは、客が10人、20人、30人、40人来客した場合のシミュレーションをそれぞれ100回ずつ行ってみた。次の図2は、それぞれ100回のシミュレーションでの最大待ち人数の頻度を表したものである。

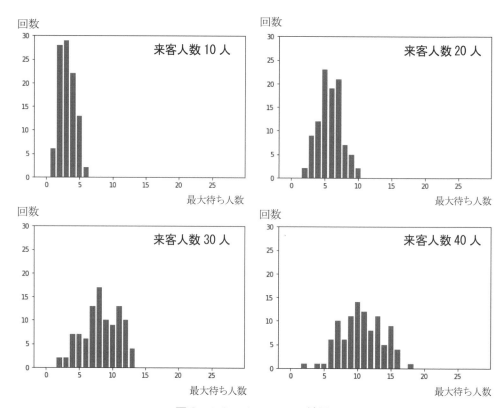

図2　シミュレーション結果

　この例の場合において、シミュレーション結果から**読み取れないこと**を次の⓪〜③のうちから一つ選べ。[　ス　]

⓪　来客人数が多くなるほど、最大待ち人数が多くなる傾向がある。
①　最大待ち人数の分布は、来客人数の半数以下に収まっている。
②　最大待ち人数は、来客人数の1/4前後の人数の頻度が高くなっている。
③　来客人数が多くなるほど、最大待ち人数の散らばりが大きくなっている。

問2 シミュレーション結果から読み取れること

● ┃ ス ┃ の解答

各選択肢を吟味してみます。

⓪については、次のことがわかります。各グラフのピーク（最大値）を探します。
- 来客人数10人のときの最大待ち人数は3人。
- 来客人数20人のときの最大待ち人数は5人。
- 来客人数30人のときの最大待ち人数は8人。
- 来客人数40人のときの最大待ち人数は10人。

すると確かに「来客人数が多くなるほど、最大待ち人数が多くなる傾向」がありますから、正しいです。したがって、正答ではありません。

①については、来客人数10人のときの最大待ち人数の分布は、1〜6にわたりますから、「来客人数の半数（5人）以下に収まっている」わけではありません。したがって、「シミュレーション結果から**読み取れないこと**」ですから、これが正答です。

②については、⓪の吟味内容をもう一度見てみると、次のようになります。
- 来客人数10人のときの最大待ち人数は3人（1/4は2.5）。
- 来客人数20人のときの最大待ち人数は5人（1/4は5）。
- 来客人数30人のときの最大待ち人数は8人（1/4は7.5）。
- 来客人数40人のときの最大待ち人数は10人（1/4は10）。

ですから、確かに「最大待ち人数は、来客人数の1/4前後の人数の頻度が高くなって」います。したがって、正答ではありません。

③については、最大待ち人数の散らばりは、次のようになっています。
- 来客人数10人のときの散らばりは1〜6人。
- 来客人数20人のときの散らばりは2〜10人。
- 来客人数30人のときの散らばりは2〜13人。
- 来客人数40人のときの散らばりは2〜18人。

ですから、確かに「来客人数が多くなるほど、最大待ち人数の散らばりが大きくなって」います。したがって、正答ではありません。

解答
問2　┃ ス ┃ ①

問3 1日目の午前中の来客人数は39人で、記録によれば一番長く列ができたときで10人の待ちがあったことから、Mさんは、図2の「来客人数40人」の結果が1日目の午前中の状況をおおよそ再現していると考えた。そこで、調理の手順を見直すことで一人の客への対応時間を4分から3分に短縮できたら、図2の「来客人数40人」の結果がどのように変化するか同じ乱数列を用いて試してみた。その結果を表すグラフとして最も適当なものを、次の⓪〜③のうちから一つ選べ。 セ

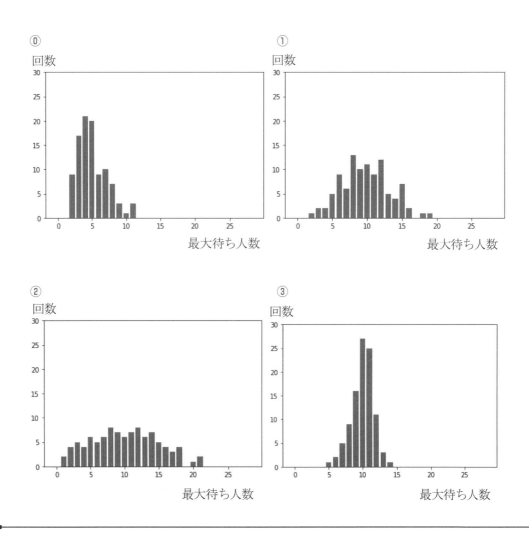

問3 シミュレーションの変換と結果

●　セ　の解答

「対応時間を4分から3分に短縮」するのですから、最大待ち人数は減るはずです。

これに対して、③の最大待ち人数は図2と比較して10人のまま変わらないので、あり得ません。

また、①と②は最大待ち人数の分布が図2の2〜18人と比較して増えています。また、最大待ち人数も10人の付近に集まっていて、対応時間を短縮した効果が見られません。したがって、これもあり得ません。

これに対して⓪は、最大待ち人数が4人に減っていて、その分布も2〜11人に狭まっていますから、対応時間を短縮した効果が見られます。したがって、これが正答です。

解答	
問3　セ	⓪

情報I試作問題—第3問

第3問 次の問い（問1〜3）に答えよ。（配点25）

問1 次の生徒（S）と先生（T）の会話文を読み、空欄 ア に当てはまる数字をマークせよ。また、空欄 イ 〜 エ に入れるのに最も適当なものを、後の解答群のうちから一つずつ選べ。ただし、空欄 ウ ・ エ は解答の順序は問わない。

S：この前、お客さんが460円の商品を買うのに、510円を払って、釣り銭を50円受け取っていたのを見て、授業で勉強したプログラミングで、そんな「上手な払い方」を計算するプログラムを作ってみたいと思いました。

T：いいですね。まず、「上手な払い方」とは何かを考える必要がありますね。

S：普通は手持ちの硬貨の枚数を少なくするような払い方でしょうか。

T：そうですね。ただ、ここでは、客が支払う枚数と釣り銭を受け取る枚数の合計を最小にする払い方を考えてみませんか？　客も店も十分な枚数の硬貨を持っていると仮定しましょう。また、計算を簡単にするために、100円以下の買い物とし、使う硬貨は1円玉、5円玉、10円玉、50円玉、100円玉のみで500円玉は使わない場合を考えてみましょう。例えば、46円をちょうど支払う場合、支払う枚数はどうなりますか？

S：46円を支払うには、10円玉4枚、5円玉1枚、1円玉1枚という6枚で払い方が最小の枚数になります。

T：そうですね。一方、同じ46円を支払うのに、51円を支払って釣り銭5円を受け取る払い方では、支払いに2枚、釣り銭に1枚で、合計3枚の硬貨のやり取りになります。こうすると交換する硬貨の枚数の合計が最小になりますね。

S：これが上手な払い方ですね。

T：そうです。このように、客と店が交換する硬貨の合計が最小となる枚数、すなわち「最小交換硬貨枚数」の計算を考えましょう。

S：どうやって考えればいいかなぁ。

T：ここでは、次の関数のプログラムを作り、それを使う方法を考えてみましょう。目標の金額を釣り銭無くちょうど支払うために必要な最小の硬貨枚数を求める関数です。

【関数の説明と例】

> **枚数**(金額)…引数として「金額」が与えられ、ちょうどその金額となる硬貨の組合せの中で、枚数が最小となる硬貨枚数が戻り値となる関数。
> 例：8円は「5円玉が1枚と1円玉が3枚」の組合せで最小の硬貨枚数になるので、**枚数**(8)の値は4となる。

T：これは、例えば、**枚数**(46) = ア と計算してくれるような関数です。これを使って最小交換硬貨枚数の計算を考えてみましょう。例えば、46円支払うのに、51円払って5円の釣り銭を受け取る払い方をした場合、客と店の間で交換される硬貨枚数の合計は、この関数を使うと、どのように計算できますか？

S： イ で求められますね。

T：一般に、商品の価格x円に対して釣り銭y円を0、1、2、…と変化させて、それぞれの場合に必要な硬貨の枚数の合計を

枚数(ウ) ＋ 枚数(エ)

と計算し、一番小さな値を最小交換硬貨枚数とすればよいのです。

S：なるほど。それで、釣り銭yはいくらまで調べればよいでしょうか？

T：面白い数学パズルですね。まあ、詳しくは今度考えるとして、今回は100円以下の商品なのでyは99まで調べれば十分でしょう。

◯ イ の解答群

⓪ 枚数(51)＋枚数(5)　　　　① 枚数(46)＋枚数(5)

② 枚数(51)－枚数(5)　　　　③ 枚数(46)－枚数(5)

◯ ウ ・ エ の解答群

⓪ x　　　　① y　　　　② $x+y$　　　　③ $x-y$

問1 関数と戻り値

●　ア　の解答

　ア　は、関数「**枚数**(46)」の戻り値のことを聞いています。**関数**とは、

「再利用が可能な一連の処理」

のことです。スマホの計算機には関数がない場合が多いのですが、手のひらサイズの電卓にはたいてい $\sqrt{}$ キーがあります。これは、表示窓（数値を表示する部分）に出ている数値の平方根を求めるものです。これが関数の例です。平方根を求めるには多少複雑な処理が必要ですが、電卓ではこれをキー一発で計算できるようにしているのです。

　プログラミング言語にも同様の機能があり、自分で定義することもできます。今の場合は、【関数の説明と例】に、

「**枚数**(金額)…引数として『金額』が与えられ、ちょうどその金額となる硬貨の組合せの中で、枚数が最小となる硬貨枚数が戻り値となる関数」

と定義されています。プログラムから関数に渡す値を**引数**といい、関数の計算結果としてプログラムに返される値を**戻り値**といいます。

　そして、直後にヒントが出ており、

「例：8円は『5円玉が1枚と1円玉が3枚』の組合せで最小の硬貨枚数になるので、**枚数**(8)の値は4となる」

となっています。「5円玉が1枚と1円玉が3枚」で合わせて「1枚＋3枚＝4枚」ですから、戻り値（**枚数**(8)の値）は4となるわけです。8が引数で、4が戻り値です。

　すると、　ア　は、関数「**枚数**(46)」の戻り値ですから、46円を「ちょうどその金額となる硬貨の組合せの中で、枚数が最小となる硬貨枚数」を考えればよいのです。

　しかし、これにも既にヒントがあります。生徒（S）の3回目の会話で、

「46円を支払うには、10円玉4枚、5円玉1枚、1円玉1枚という6枚で払い方が最小の枚数になります」

とありますので、　ア　は⑥になります。

●　　イ　　の解答

　　イ　　は、

「46円支払うのに、51円払って5円の釣り銭を受け取る払い方をした場合、客と店の間で交換される硬貨枚数の合計は、この関数を使うと、どのように計算できますか？」

に対する答えです。

　これにもヒントがあり、先生（T）の3回目の会話で、

「同じ46円を支払うのに、51円を支払って、釣り銭5円を受け取る払い方では、支払いに2枚、釣り銭に1枚で、合計3枚の硬貨のやり取りになります。こうすると交換する硬貨の枚数の合計が最小になりますね」

とありますから、

「51円払って5円の釣り銭を受け取る払い方」

では、

「支払いに2枚、釣り銭に1枚で、合計3枚の硬貨のやり取り」

になるわけです。「支払いに2枚」というのは50円玉1枚と1円玉1枚の2枚のことで、釣り銭の1枚は5円玉のことです。

　ここで、 イ の選択肢を見てみると、全て関数「**枚数（金額）**」が出てきていますが、

「合計3枚の硬貨のやり取り」

ですから引き算はあり得ないことになり、選択肢は⓪か①に絞られます。すると、51円という支払いで2枚、5円の釣り銭で1枚ですから、選択肢⓪の

「**枚数**（51）＋**枚数**（5）」

が妥当であることがわかります。

　ちなみに、選択肢①では「**枚数**（46）」が出てきますが、これは「6」であることが既にわかっていますので、3を超えてしまっていておかしいということがわかります。

　また、問題文を先読みすると、次の ウ ・ エ の計算式は「最小交換硬貨枚数」を求める式で、足し算になっていますから、 イ も足し算であることがわかります。

●　ウ ・ エ の解答
　 ウ ・ エ は、

「それぞれの場合に必要な硬貨の枚数の合計を
　　　　　　枚数（ ウ ）＋**枚数**（ エ ）
と計算し、一番小さな値を最小交換硬貨枚数とすればよいのです」

に出てきます。

　 イ の考察でもわかったように、46円の支払いでは、「51円払って5円の釣り銭を受け取る」のが「最小交換硬貨枚数」であることがわかっています。

　このうち5円は釣り銭ですからy円になります。これで、解答の1つは選択肢①であることがわかります。

　一方の51円はどうやって計算するのかというと、

51円＝46円＋5円＝商品の価格x円＋釣り銭y円

となります。xは46円ですから51円にはなりませんし、yも使っています。また、$x-y$も51にはなりません。

　ですから、選択肢②の「$x+y$」が相当します。

解答				
問1	ア ⑥	イ ⓪	ウ ・ エ ① ②	（順不同）

問2 次の文章の空欄 オ ～ コ に入れるのに最も適当なものを、後の解答群のうちから一つずつ選べ。

S：まずは、関数「**枚数(金額)**」のプログラムを作るために、与えられた金額ちょうどになる最小の硬貨枚数を計算するプログラムを考えてみます。もう少しヒントが欲しいなぁ。

T：金額に対して、高額の硬貨から使うように考えて枚数と残金を計算していくとよいでしょう。また、金額に対して、ある額の硬貨が何枚まで使えて、残金がいくらになるかを計算するには、整数値の商を求める演算『÷』とその余りを求める演算『%』が使えるでしょう。例えば、46円に対して10円玉が何枚まで使えるかは オ で、その際にいくら残るかは カ で求めることができますね。

S：なるほど！ あとは自分でできそうです。

S さんは、先生（T）との会話からヒントを得て、変数kingakuに与えられた目標の金額（100円以下）に対し、その金額ちょうどになる最小の硬貨枚数を計算するプログラムを考えてみた（図1）。ここでは例として目標の金額を46円としている。

配列Koukaに硬貨の額を低い順に設定している。なお、配列の添字は**0**から始まるものとする。最低額の硬貨が1円玉なのでKouka[0]の値は**1**となる。

先生（T）のヒントに従い、高額の硬貨から何枚まで使えるかを計算する方針で、(4)～(6)行目のような繰返し文にした。この繰返しで、変数maisuに支払いに使う硬貨の枚数の合計が計算され、変数nokoriに残りいくら支払えばよいか、という残金が計算される。

実行してみると ア が表示されたので、正しく計算できていることが分かる。いろいろな例で試してみたが、すべて正しく計算できていることを確認できた。

```
(1) Kouka = [1,5,10,50,100]

(2) kingaku = 46

(3) maisu = 0, nokori = kingaku

(4) i を 　キ　 ながら繰り返す：

(5) │  maisu = 　ク　 + 　ケ　

(6) └  nokori = 　コ　

(7) 表示する(maisu)
```

図1　目標の金額ちょうどになる最小の硬貨枚数を計算するプログラム

オ ・ カ の解答群

⓪ 46 ÷ 10 + 1　　　　　　　　① 46 % 10 − 1

② 46 ÷ 10　　　　　　　　　　③ 46 % 10

キ の解答群

⓪ **5**から**1**まで**1**ずつ減らし　　　① **4**から**0**まで**1**ずつ減らし

② **0**から**4**まで**1**ずつ増やし　　　③ **1**から**5**まで**1**ずつ増やし

［ ク ］の解答群

⓪ 1　　　　　① maisu　　　　　② i　　　　　③ nokori

［ ケ ］・［ コ ］の解答群

⓪ nokori ÷ Kouka[i]　　　　　① nokori % Kouka[i]

② maisu ÷ Kouka[i]　　　　　③ maisu % Kouka[i]

解説

問2　整数値の商と余りを求める演算

●［ オ ］・［ カ ］の解答

　［ オ ］は、その前の文章から

「46円に対して10円玉が何枚まで使えるか」

であり、［ カ ］は、

「その際にいくら残るか」

ですから、数値でいうと［ オ ］は4枚であり、［ カ ］は6円です。これには、さらにその前の先生（T）の発言で

「整数値の商を求める演算『÷』とその余りを求める演算『%』が使えるでしょう」

とヒントがありますので、復習しておきましょう。

割られる数÷割る数＝商と余り

÷の結果　%の結果

　いまは46円で考えていますので、

46÷10＝4余り6

÷の結果　%の結果

ですから、［ オ ］は選択肢②の「46÷10」であり、［ カ ］は選択肢③の「46% 10」になります。

　ちなみに、選択肢⓪は5ですし、選択肢①も5です。

●［ キ ］の解答

　［ キ ］の選択肢を見てみると、減らしながら、あるいは増やしながらの繰り返しになります。これが何の繰り返しかというと、図1の5行上の段落で、

「高額の硬貨から何枚まで使えるかを計算する方針で、**(4)**〜**(6)**行目のような繰返し文にした」

とありますから、　キ　は高額の硬貨からの繰り返しになります。

　あるいは、変数iは変化していくのですが、これを使っているのは　ケ　・　コ　の解答群から配列Kouka[i] であることがわかりますから、配列Kouka[i] についての繰り返しであることがわかります。

　配列Kouka[i] は硬貨を意味します。これは硬貨の額を低い順に設定したもので、1行目でKouka[i] は［1，5，10，50，100］と初期化してあります。本文中にあるように、

「配列の添字は0から始まるものとする。最低額の硬貨が1円なので、Kouka[O] の値は1となる」

ですから、配列Kouka[i] の中身を調べてみます。図1の（1）行目より、次のようになります。

$$\text{Kouka = [1 , 5 , 10 , 50 , 100]}$$

$$\text{添字は 0 \quad 1 \quad 2 \quad 3 \quad 4}$$

　以上より、Kouka[i] の添え字の最大値は4であることがわかります。すると、添え字5はあり得ませんので、　キ　の選択肢⓪と③は消去されます。

　次は「減らし」ながらなのか「増やし」ながらなのかですが、前述のように「高額の硬貨から何枚まで使えるかを計算する方針」ですから、100が入っている添え字4から「減らし」ながらになります。よって、　キ　は①になります。

●　ク　の解答

　（5）行目で変数maisuの計算をしていますが、これは図1の上4行目より

「変数maisuに支払いに使う硬貨の枚数の合計が計算され」

とありますから、変数maisuは「枚数の合計」です。

　繰り返し文の中で合計を求めるには、次のような決まりきったやり方があります。

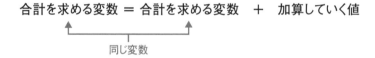

合計を求める変数 ＝ 合計を求める変数　＋　加算していく値

同じ変数

　以上のように同じ変数が両辺に出てきます。これをちょっと見ると、

「合計を求める変数と、合計を求める変数＋加算していく値が等しいとはどういうことか」

と思いたくもなりますが、変数の定義式で出てくる「＝」は「等しい」ことを意味するのではなく、「代入する」という意味です。

　つまり、「合計を求める変数＋加算していく値」を先に計算した後、その結果を改めて左辺の「合計を求める変数」に代入するのです。

　ちなみに、一般のプログラミング言語では「等しい」を意味するときは「＝」を二つ重ねて「＝＝」とする場合が多いのですが、DNCLではどちらも「＝」を使っています。これを見分けるには、次のようにします。

文頭が変数名であれば、「＝」は「代入する」を意味する
文頭が「もし」であれば、「＝」は「等しい」を意味する

これで、 ク には左辺と同じmaisu（選択肢①）が入ることがわかります。

● ケ ・ コ の解答

  ケ は、前述の「加算していく値」になります。

加算していくのは図1の上5行目より「使う硬貨の枚数」です。これは、 オ の考察でわかったように「46 ÷ 10」の形をしたものになります。すると、該当するのは、選択肢⓪の「nokori ÷ Kouka[i]」です。

  コ は変数nokoriの定義ですが、図1の上4行目に

「変数nokoriに残りいくら支払えばよいか、という残金が計算される」

とありますので、 カ でわかったように「46% 10」に相当するものです。すると、選択肢①の「nokori % Kouka[i]」が適切です。

解答				
問2 オ ②	カ ③	キ ①	ク ①	ケ ⓪
コ ①				

問3 次の文章を参考に、図2のプログラムの空欄 サ ～ タ に入れるのに最も適当なものを、後の解答群のうちから一つずつ選べ。ただし、空欄 ス ・ セ は解答の順序は問わない。

T：プログラム（図1）ができたようですね。それを使えば、関数「**枚数**(金額)」のプログラムができます。関数の引数として与えられる金額の値をプログラム（図1）の変数kingakuに設定し、**(7)**行目の代わりに変数maisuの値を関数の戻り値とすれば、関数「**枚数**(金額)」のプログラムとなります。では、その関数を使って最小交換硬貨枚数を計算するプログラムを作ってみましょう。ここでも、100円以下の買い物として考えてみます。

【関数の説明】（再掲）

> **枚数**(金額)…引数として「金額」が与えられ、ちょうどその金額となる硬貨の組合せの中で、枚数が最小となる硬貨枚数が戻り値となる関数。

Sさんは、図2のようなプログラムを作成した。変数kakakuに与えられる商品の価格に対して、釣り銭を表す変数tsuriを用意し、妥当なtsuriのすべての値に対して交換する硬貨の枚数を調べ、その最小値を求めるプログラムである。なお、ここでは例として商品の価格を46円としている。

このプログラムでは、先生（T）のアドバイスに従い、釣り銭無しの場合も含め、99円までのすべての釣り銭に対し、その釣り銭になるように支払う場合に交換される硬貨の枚数を求め、その最小値を最小交換硬貨枚数として計算している。

最小値の計算では、これまでの払い方での最小枚数を変数min_maisuに記憶しておき、それより少ない枚数の払い方が出るたびに更新している。min_maisuの初期値には、十分に大きな値として100を用いている。100円以下の買い物では、使う硬貨の枚数は100枚を超えないからである。

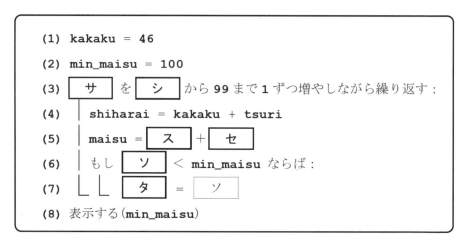

図2 最小交換硬貨枚数を求めるプログラム

このプログラムを実行してみたところ3が表示された。46円を支払うときの最小交換硬貨枚数は、支払いで50円玉が1枚、1円玉が1枚、釣り銭で5円玉が1枚の計3枚なので、正しく計算できていることが分かる。同様に、kakakuの値をいろいろと変えて実行してみたところ、すべて正しく計算できていることを確認できた。

サ , ソ ・ タ の解答群			
⓪ maisu	① min_maisu	② shiharai	③ tsuri

シ の解答群			
⓪ 0	① 1	② 99	③ 100

ス ・ セ の解答群		
⓪ 枚数(shiharai)	① 枚数(kakaku)	② 枚数(tsuri)
③ shiharai	④ kakaku	⑤ tsuri

解説

問3 関数「枚数(金額)」のプログラム

● サ の解答

サ は、

「 サ を シ から99まで1ずつ増やしながら繰り返す：」

のですから、繰り返しの変数(ループ変数)になります。

これについては、【関数の説明】(再掲)の直後の段落での

「変数kakakuに与えられる商品の価格に対して、釣り銭を表す変数tsuriを用意し、妥当なtsuriのすべての値に対して交換する硬貨の枚数を調べ、その最小値を求めるプログラムである」

がヒントになります。

選択肢を見てみると、⓪のmaisuは(5)行目で定義しますから、ループ変数ではないことになります。①のmin_maisuは(2)行目で100に初期化していますから、「99まで1ずつ増やす」ことは不可能です。②のshiharaiも(4)行目で定義しますから、やはりループ変数ではありません。すると、残りは③のtsuriになり、これが正答になります。

tsuriは(4)行目で加算されますが、これを「 シ から99まで1ずつ増やしながら繰り返す」ことになります。これによって適切なshiharaiを見つけようというわけです。

● シ の解答

シ は、ループ変数tsuriの初期値ですが、「99まで1ずつ増やしながら繰り返す」のですから、選択肢のうち②の99と③の100は除外されます。すると、残りは⓪の0か①の1ですが、kakakuが50円丁度などで釣り銭がない場合に備えて0から始める必要があります。よって、 シ には⓪が入ります。

● ス ・ セ の解答

ス ・ セ は、maisuの中身ですが、【関数の説明】(再掲)の上4行目に

「変数maisuの値を関数の戻り値とすれば」

とありますので、図2の(5)行目のmaisuの定義は「関数の戻り値」になります。これに該当する選択肢は⓪、①、②のいずれかです。

図2は「最小交換硬貨枚数を求めるプログラム」ですから、最小の枚数を見つけたいわけです。すると、問1の【関数の説明と例】の後の2番目の先生（T）の発言で、

「一般に、商品の価格x円に対して釣り銭y円を0、1、2、… と変化させて、
それぞれの場合に必要な硬貨の枚数の合計を

$$\text{枚数}(\boxed{\quad ウ \quad}) + \text{枚数}(\boxed{\quad エ \quad})$$

と計算し、一番小さな値を最小交換硬貨枚数とすればよいのです」

とありますから、これがヒントになります。このように、だいぶ前まで遡る必要がありますので、どうしても長文読解力が必要になります。

　さて、上の発言で「釣り銭y円を0、1、2、… と変化させて」の部分は図2の(3)行目と一致します（$\boxed{\quad サ \quad}$の正答はtsuriでした）。

　そして、「枚数（$\boxed{\quad ウ \quad}$）＋枚数（$\boxed{\quad エ \quad}$）」の部分の正答は「枚数（y）＋枚数（$x+y$）」でしたから、これを真似すればよいのです。

　すると、yは釣り銭tsuriであり、xは価格であって、$x+y$は図2の(4)行目よりshiharaiに該当しますから、選択肢⓪の「枚数(shiharai)」と選択肢②の「枚数(tsuri)」を選べばよいことがわかります。よって、$\boxed{\quad ス \quad}$・$\boxed{\quad セ \quad}$は⓪、②になります。

●$\boxed{\quad ソ \quad}$・$\boxed{\quad タ \quad}$の解答

　前述のように「釣り銭y円を0、1、2、… と変化させて」の部分は図2の(3)行目と一致しますから、図2の(3)～(7)行目の繰り返しは、先ほどの先生（T）の発言で

「一番小さな値を最小交換硬貨枚数とすればよいのです」

を実行していることがわかります。つまり、図2の(6)～(7)行目の条件判断は、「一番小さな値」を見つけているのです。

　この点については、図2の上の段落で「最小値の計算では、これまでの払い方での最小枚数を変数min_maisuに記憶しておき、それより少ない枚数の払い方が出るたびに更新している」からわかります。

　実は、これには次のような決まりきったやり方があります。繰り返しの中で、

「もし『現在の値』が『最小値を保存する変数』より小さければ、『最小値を保存する変数』の中身を『現在の値』で置き換える」

　これにより、繰り返しが終了した時点で、「最小値を保存する変数」には最も小さい値が保存されています。したがって、図2の(6)～(7)行目は次のようになります。

もしmaisu＜min_maisuならば：
　　min_maisu = maisu

　以上により、$\boxed{\quad ソ \quad}$は選択肢⓪のmaisuであり、$\boxed{\quad タ \quad}$は選択肢①のmin_maisuであることがわかります。
　なお、この方法がわからない場合は、次のように論理的に考えることになります。
　まず、図2の最後の(8)行目ではmin_maisuを表示しますが、min_maisuは(2)行目で100に初期設定された後、どこでも変化していません。したがって、

「どこかでmin_maisuが変化しているはずだ」

ということがわかります。これが可能なのは、(7)行目だけですから、$\boxed{\quad タ \quad}$は選択肢①のmin_maisuであるこ

とがわかります。

　次に、[　ソ　]ですが、先ほどの先生 (T) の発言で

「一番小さな値を最小交換硬貨枚数とすればよいのです」

を実行していることがわかります。選択肢を見てみると、①と③は既に使用済みですから、残りは⓪のmaisuか②のshiharaiです。しかし、上の「一番小さな値」というのは枚数のことですから、⓪のmaisuが適切であることがわかります。

　あるいは、kakakuが46円のとき、shiharaiは最低でも46以上になってしまいますが、これをmin_maisuに代入したのでは、テスト結果が「3枚」という事実に反することになってしまい、おかしいということがわかります。

解答						
問3	サ	③	シ	⓪	ス ・ セ	⓪ ② （順不同）
	ソ	⓪	タ	①		

第4問 次の文章を読み、後の問い（問1〜5）に答えよ。（配点25）

　次の表1は、国が実施した生活時間の実態に関する統計調査をもとに、15歳以上19歳以下の若年層について、都道府県別に平日1日の中で各生活行動に費やした時間（分）の平均値を、スマートフォン・パソコンなどの使用時間をもとにグループに分けてまとめたものの一部である。ここでは、1日のスマートフォン・パソコンなどの使用時間が1時間未満の人を表1－A、3時間以上6時間未満の人を表1－Bとしている。

表1－A：スマートフォン・パソコンなどの使用時間が1時間未満の人の生活行動時間に関する都道府県別平均値

都道府県	睡眠 （分）	身の回りの 用事（分）	食事 （分）	通学 （分）	学業 （分）	趣味・娯楽 （分）
北海道	439	74	79	60	465	8
青森県	411	74	73	98	480	13
茨城県	407	61	80	79	552	11
栃木県	433	76	113	50	445	57

表1－B：スマートフォン・パソコンなどの使用時間が3時間以上6時間未満の人の生活行動時間に関する都道府県別平均値

都道府県	睡眠 （分）	身の回りの 用事（分）	食事 （分）	通学 （分）	学業 （分）	趣味・娯楽 （分）
北海道	436	74	88	63	411	64
青森県	461	57	83	55	269	44
茨城県	443	80	81	82	423	63
栃木県	386	120	79	77	504	33

（出典：総務省統計局の平成28年社会生活基本調査により作成）

　花子さんたちは、表1－Aをスマートフォン・パソコンなどの使用時間が短いグループ、表1－Bをスマートフォン・パソコンなどの使用時間が長いグループと設定し、これらのデータから、スマートフォン・パソコンなどの使用時間と生活行動に費やす時間の関係について分析してみることにした。

　ただし、表1－A、表1－Bにおいて一か所でも項目のデータに欠損値がある場合は、それらの都道府県を除外したものを全体として考える。なお、以下において、データの範囲については、外れ値も含めて考えるものとする。

問 1

ア

花子さんたちは、これらのデータから次のような仮説を考えた。表1－A、表1－Bのデータだけからは**分析できない仮説**を、次の⓪～③のうちから一つ選べ。

⓪ 若年層でスマートフォン・パソコンなどの使用時間が長いグループは、使用時間が短いグループよりも食事の時間が短くなる傾向があるのではないか。

① 若年層でスマートフォン・パソコンなどの使用時間が長いグループに注目すると、スマートフォン・パソコンなどを朝よりも夜に長く使っている傾向があるのではないか。

② 若年層でスマートフォン・パソコンなどの使用時間が長いグループに注目すると、学業の時間が長い都道府県は趣味・娯楽の時間が短くなる傾向があるのではないか。

③ 若年層でスマートフォン・パソコンなどの使用時間と通学の時間の長さは関係ないのではないか。

解説

問1 データに基づく分析

● **ア** **の解答**

各選択肢を吟味してみます。

⓪スマートフォン・パソコンなどの使用時間が長いグループと、使用時間が短いグループは、2つの表で比較できますし、食事の時間も項目として存在しますので、これらの傾向を分析することは可能です。したがって、「**分析できない仮説**」ではありませんから、正答ではありません。

①表には、朝と夜の区別はありません。ということは、「朝よりも夜に長く使っている傾向」は「**分析できない仮説**」であり、これが正答です。

②「学業の時間」も「趣味・娯楽の時間」もともに表に存在しますから、分析することは可能です。したがって、「**分析できない仮説**」ではありませんから、正答ではありません。

③「スマートフォン・パソコンなどの使用時間」は2つの表を比較することができますし、「通学の時間」も存在しますから、分析することは可能です。したがって、「**分析できない仮説**」ではありませんから、正答ではありません。

解答

問1	**ア**	①

花子さんたちは表1－A、表1－Bのデータから睡眠の時間と学業の時間に注目し、それぞれを図1と図2の箱ひげ図（外れ値は○で表記）にまとめた。これらから読み取ることができる最も適当なものを、後の⓪～③のうちから一つ選べ。 イ

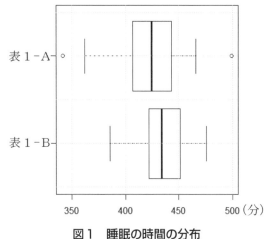

図1　睡眠の時間の分布　　　　図2　学業の時間の分布

⓪ 睡眠の時間が420分以上である都道府県の数をみたとき、表1－Aの方が表1－Bよりも多い。

① 学業の時間が550分以上の都道府県は、表1－Aにおいては全体の半数以上あり、表1－Bにおいては一つもない。

② 学業の時間が450分未満の都道府県は、表1－Bにおいては全体の75％以上であり、表1－Aにおいては50％未満である。

③ 都道府県別の睡眠の時間と学業の時間を比較したとき、表1－Aと表1－Bの中央値の差の絶対値が大きいのは睡眠の時間の方である。

問2 箱ひげ図

● イ の解答

箱ひげ図を知る前に、**四分位数**を復習します。データを小さい順に並べて4等分したとき、下から1/4のデータを**第1四分位数**といい、下から2/4のデータを**第2四分位数**（中央値。平均値ではない）、下から3/4のデータを**第3四分位数**といいます。

次に、**箱ひげ図**の箱の両端（ひげと平行な線）は第1四分位数と第3四分位数を表し、箱の中の実線は第2四分位数を表します。そして、両側に伸びるひげは最小値と最大値を表します。

なお、第2四分位数（中央値）は、箱の中央にくるとは限りません。データの並びの中央であり、データの小さい側の個数とデータの大きい側の個数が異なるのが普通ですから、両者が同じでない限り、箱の中央にはきません。

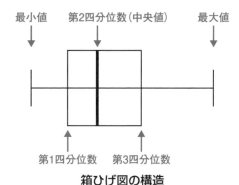

箱ひげ図の構造

以上をもとに、各選択肢を吟味してみます。

⓪については、そもそも2つの表の都道府県の数がいくつずつなのか情報が与えられていません。したがって、どちらが多いかもわかりませんから、正答ではありません。

①については、図2を見てみると、「学業の時間が550分以上」というのは第3四分位数のあたりですから、残りは1/4程度であり、「全体の半数以上」というのは誤りです。したがって、正答ではありません。

②については、図2を見てみると、「学業の時間が450分未満」というのは、表1－Bにおいては第3四分位数を超えていますから、確かに「表1－Bにおいては全体の75%以上」です。表1－Aにおいては「学業の時間が450分未満」というのは、第1四分位数のあたりですから、「表1－Aにおいては50%未満」です。したがって、これが正答です。

③については、中央値は箱の中の実線です。これを見てみると、「中央値の差の絶対値が大きい」のは図2の方であって、「学業の時間」の方です。したがって、正答ではありません。

解答
問2　　イ　　②

問3 花子さんたちは、スマートフォン・パソコンなどの使用時間の長さの違いが、睡眠の時間と学業の時間のどちらに大きく影響しているかについて調べることにした。そのために、都道府県ごとに睡眠の時間と学業の時間のそれぞれにおいて、表1－Aの値から表1－Bの値を引いた差について考え、その結果を次の図3の箱ひげ図（外れ値は〇で表記）で表した。図3について述べたこととして**A～E**の中から正しいものはどれか。当てはまるものの組合せとして最も適当なものを、後の⓪～⑤のうちから一つ選べ。 ウ

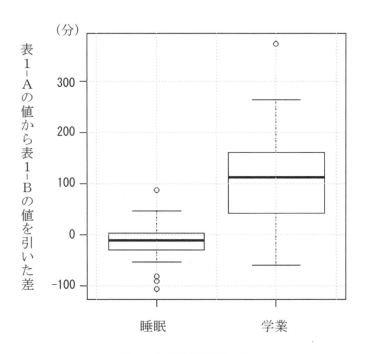

図3　生活行動時間の差

A 学業の時間の差が正の値になっている都道府県の若年層は、スマートフォン・パソコンなどの使用時間が短いグループの方が、学業の時間が長い傾向にある。

B 睡眠の時間の差が正の値になっている都道府県の若年層は、スマートフォン・パソコンなどの使用時間が短いグループの方が、睡眠の時間が短い傾向にある。

C スマートフォン・パソコンなどの使用時間による生活行動時間の差は、睡眠の時間よりも学業の時間の方に顕著に表れている。

D スマートフォン・パソコンなどの使用時間による生活行動時間の差は、学業の時間よりも睡眠の時間の方に顕著に表れている。

E スマートフォン・パソコンなどの使用時間による生活行動時間の差は、学業の時間と睡眠の時間の両方に同程度に表れている。

⓪ AとC　　　① AとD　　　② AとE
③ BとC　　　④ BとD　　　⑤ BとE

問3 箱ひげ図から読み取る

● ［　ウ　］の解答

　図3は「表1－Aの値から表1－Bの値を引いた差」ですから、差が正であるということは表1－Aを意味し、差が負であるということは表1－Bを意味します。

　以上をもとに、各選択肢を吟味してみます。

　Aについては、学業の時間を見てみると、第1四分位数よりも上が「差が正の値」ですから、表1－Aつまり「スマートフォン・パソコンなどの使用時間が短いグループ」を意味します。こちらの方が学業の時間が長いわけです。したがって、正しい記述です。

　Bについては、前述のように「睡眠の時間の差が正の値になっている都道府県の若年層」は表1－Aを意味しますから、「スマートフォン・パソコンなどの使用時間が短いグループ」を意味します。図3を見てみると、箱ひげ図の第3四分位数から最大値が正であって、こちらの方が睡眠の時間が長いわけです。したがって、誤りです。

　Cについては、「生活行動時間の差」は最大値と最小値の差に表れています。これは、図3を見てみると、学業の方が広がりが大きいですから、確かに「生活行動時間の差は、睡眠の時間よりも学業の時間の方に顕著に表れて」います。したがって、正しい記述です。

　Dについては、Cの逆ですから誤りです。

　Eについては、同程度ではありませんから、誤りです。

　以上より、正しい記述は「AとC」なので、正しい選択肢は⓪です。

解答		
問3	［　ウ　］	⓪

問 4　花子さんたちは、表1－Aについて、睡眠の時間と学業の時間の関連を調べることとした。次の図4は、表1－Aについて学業の時間と睡眠の時間を散布図で表したものである。ただし、2個の点が重なって区別できない場合は□で示している。

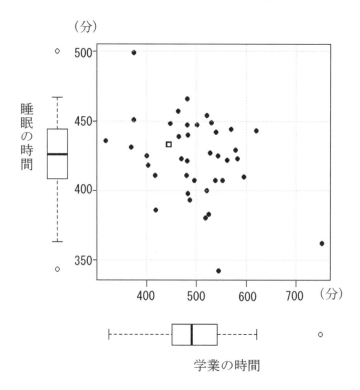

図4　表1－Aの学業の時間と睡眠の時間の散布図

　都道府県単位でみたとき、学業の時間と睡眠の時間の間には、全体的には弱い負の相関があることが分かった。この場合の負の相関の解釈として最も適当なものを、次の⓪～③のうちから一つ選べ。なお、ここでは、データの範囲を散らばりの度合いとして考えることとする。
　エ

⓪　睡眠の時間の方が、学業の時間より散らばりの度合いが大きいと考えられる。
①　睡眠の時間の方が、学業の時間より散らばりの度合いが小さいと考えられる。
②　学業の時間が長い都道府県ほど睡眠の時間が短くなる傾向がみられる。
③　学業の時間が長い都道府県ほど睡眠の時間が長くなる傾向がみられる。

問4 負の相関の解釈

● エ の解答

「負の相関の解釈」を求めていますが、データが全体的に右上がりのときを「正の相関」、右下がりのときを「負の相関」といい、「散らばりの度合い」とは関係がありません。

散布図の例

各選択肢を吟味してみます。

⓪と①はともに、「散らばりの度合い」を問題にしていますから、「負の相関の解釈」とは関係がありません。したがって、正答ではありません。

②は、「（横軸の）学業の時間が長い都道府県ほど（縦軸の）睡眠の時間が短くなる傾向」が右下がりを意味し、「負の相関の解釈」になります。これが正答です。

③は、②とは逆に「正の相関」がある場合ですが、いまは「全体的には弱い負の相関があることがわかった」のですから、誤りです。したがって、正答ではありません。

解答

| 問4 | エ | ② |

次の文章を読み、空欄 オ に当てはまる数字をマークせよ。また、空欄 カ に入れるのに最も適当なものを、図6中の ⓪〜③ のうちから一つ選べ。空欄 キ に入れるのに最も適当なものを、後の解答群のうちから一つ選べ。

　花子さんたちは都道府県別にみたときの睡眠の時間を学業の時間で説明する回帰直線を求め、図4の散布図にかき加えた (図5)。すると回帰直線から大きく離れている県が多いことが分かったため、自分たちの住むP県がどの程度外れているのかを調べようと考え、実際の睡眠の時間から回帰直線により推定される睡眠の時間を引いた差 (残差) の程度を考えることとした。そのために、残差を比較しやすいように、回帰直線の式をもとに学業の時間から推定される睡眠の時間 (推定値) を横軸に、残差を平均値0、標準偏差1に変換した値 (変換値) を縦軸にしてグラフ図6を作成した。参考にQ県がそれぞれの図でどこに配置されているかを示している。また、図5の□で示した点については、問題の都合上黒丸で示している。

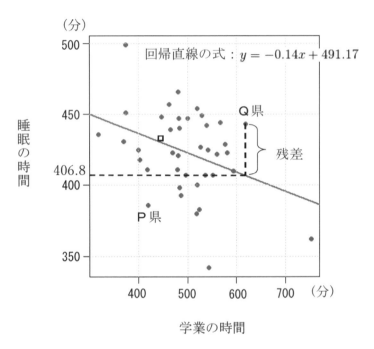

図5　回帰直線をかき加えた散布図

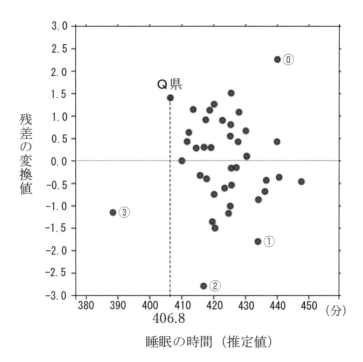

図6 睡眠の時間（推定値）と残差の変換値との関係

　図5と図6から読み取ることができることとして、平均値から標準偏差の2倍以上離れた値を外れ値とする基準で考えれば、外れ値となる都道府県の数は オ 個である。図5中のＰ県については、図6中の ⓪ ～ ③ のうち カ に対応しており、花子さんたちはこの基準に従いＰ県は キ と判断した。花子さんたちは学業の時間以外の他の要因の影響についても考え、さらに都道府県の特徴について分析することとした。

　 キ の解答群
　　⓪ 外れ値となっている
　　① 外れ値となっていない
　　② 外れ値かそうでないかどちらともいえない

問5 回帰直線と散布図

● オ の解答

「平均値から標準偏差の2倍以上離れた値を外れ値とする」のですが、「残差を平均値0、標準偏差1に変換した値（変換値）を縦軸にしてグラフ図6を作成した」のですから、残差の変換値が−2.0〜2.0の範囲に入っていれば外れ値ではありません。

この範囲から外れている選択肢を探してみると、⓪は残差の変換値2.0〜2.5の範囲にありますから、外れ値です。また、②も−2.5〜−3.0の範囲にありますから、外れ値です。

一方、①は−1.5〜−2.0の範囲ですから、外れ値ではありません。③も−1.0〜−1.5の範囲ですから、外れ値ではありません。

したがって、外れ値は⓪と②の2個で、②が正答です。

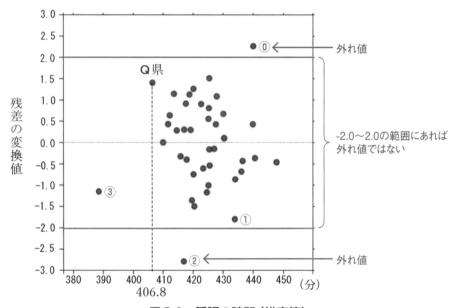

図6.1　睡眠の時間（推定値）

● カ の解答

カ は、P県が図6中の⓪〜③のどれに対応するかですが、ヒントはQ県にあります。図5を見てみると、Q県の残差と回帰直線との交点が406.8であることがわかります。この406.8は、「回帰直線の式をもとに学業の時間から推定される睡眠の時間（推定値）」です。

そこで、P県についても、この推定値を求めてみます。そのためには、図5のP県の位置から真上に垂直な直線を引き、回帰直線との交点を求めます。そして、今度はその交点から水平に直線を引き、縦軸の目盛りを読み取ります。すると、P県の睡眠の時間（推定値）は430〜440にありそうです。

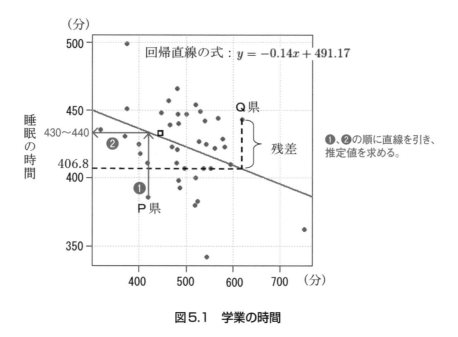

図5.1　学業の時間

そこで、図6の横軸430〜440の範囲にある選択肢を探すと、①が該当します。これが、P県です。

● キ の解答

前述のように、残差の変換値が−2.0〜2.0の範囲に入っていれば外れ値ではありません。

P県は、図6の①であり、この範囲に入っていますから、外れ値ではありません。よって、 キ には①が入ります。

<table>
<tr><td colspan="7" style="text-align:center">解答</td></tr>
<tr><td>問5</td><td>オ</td><td>②</td><td>カ</td><td>①</td><td>キ</td><td>①</td></tr>
</table>

第3章

参考問題 第4問

大学入学共通テスト 情報I

※出典：独立行政法人大学入試センター 公開問題「令和７年度大学入学共通テスト 試作問題　参考問題 情報I 第４問」

※147ページに答案用紙がありますので、ご利用ください。

情報I参考問題 第４問

第４問（参考）　次の文章を読み、後の問い（問１〜５）に答えよ。（配点25）

　K市の高校生の花子さんは、「情報Ⅰ」の授業のデータ分析の課題「季節に関係のある商品のデータを探して、季節とその売り上げの関係性について調べなさい」について、暑い夏に売り上げの伸びそうなエアコンとアイスクリームの月別売上データを収集し分析しようと考えた。

　次のデータは、2016年1月から2020年12月までの全国のエアコンの売上台数（単位は千台）とK市のアイスクリームの売上個数（単位は個）を表している。

表１　エアコンとアイスクリームの売上データ

年月	エアコン（千台）	アイス（個）
2016 年　1 月	434	464
2016 年　2 月	504	397
2016 年　3 月	769	493
2016 年　4 月	420	617
2016 年　5 月	759	890
2016 年　6 月	1470	883
2016 年　7 月	1542	1292
2016 年　8 月	651	1387
2016 年　9 月	469	843
2016 年 10 月	336	621
2016 年 11 月	427	459
2016 年 12 月	571	562
2017 年　1 月	520	489
〜〜〜〜〜〜	〜〜〜〜〜〜	〜〜〜〜〜〜
2020 年 12 月	635	599

（出典：一般社団法人日本冷凍空調工業会、
　　　　一般社団法人日本アイスクリーム協会の資料より作成）

　花子さんは、これら二つの売上数の関係を調べるためにこのデータを、次の図1のようなグラフで表した。このグラフでは、横軸は期間を月ごとに表し、縦軸はエアコンの売上台数（単位は千台）とアイスクリームの売上個数（単位は個）を同じ場所に表している。破線はエアコン、実線はアイスクリームの売上数を表している。

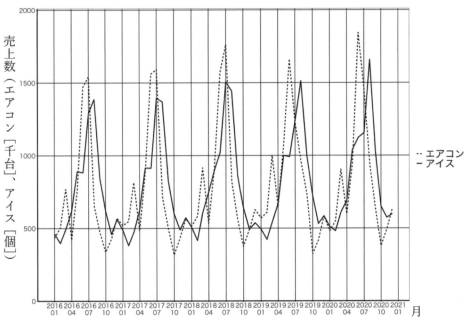

図1　エアコンとアイスクリームの売上数のグラフ

 問 1 図1のグラフを見て読み取れることを、次の⓪〜③のうちから一つ選べ。
　　　　　ア

⓪ アイスクリームの売上個数は毎月増加している。

① エアコンの売上台数は年々減少している。

② 年ごとの最もよく売れる時期についてはエアコンの方がアイスクリームよりもやや早い傾向がある。

③ 2016年10月は、エアコンの売上台数よりもアイスクリームの売上個数の方が多い。

問1 売上データの分析

● ［ ア ］の解答

各選択肢を吟味してみます。

⓪については、アイスクリームの売上個数は実線のグラフですが、毎年7～8月にピーク（最もよく売れる時期）を迎え、冬にかけて減少していきます。したがって、「毎月増加している」というのは誤りであり、正答ではありません。

①エアコンの売上台数は点線のグラフですが、アイスクリームと同じように増減はあるものの、ピークは年々大きくなる傾向があります。したがって、「年々減少している」というのは誤りであり、正答ではありません。

②については、それぞれのピークは、エアコン（点線）が7月頃、アイスクリーム（実線）が8月頃で、点線（エアコン）のグラフは実線（アイスクリーム）のグラフよりも左側（時期が早い側）にずれています。したがって、「最もよく売れる時期についてはエアコンの方がアイスクリームよりもやや早い傾向」がありますので、これが正答です。

③については、2016年10月は、実線（アイスクリーム）の方が点線（エアコン）よりも上にきています。一見すると、アイスクリームの方が多そうですが、縦軸の単位を見てみると、エアコンは[千台]単位、アイスクリームは[個]単位ですから、まるで違います。したがって、「エアコンの売上台数よりもアイスクリームの売上個数の方が多い」というのは誤りで、正答ではありません。

解答
問1　［ ア ］　②

エアコンやアイスクリームの売り上げが年々増加しているのかどうかを調べたいと考えた花子さんは、月ごとの変動が大きいので、数か月のまとまりの増減を調べるためにその月の前後数か月分の平均値（これを移動平均という）を考えてみることにした。

表2　エアコンの移動平均を計算するシート

年月	エアコン（千台）	6か月移動平均
2016 年 1 月	434	
2016 年 2 月	504	
2016 年 3 月	769	
2016 年 4 月	420	726.0
2016 年 5 月	759	910.7
2016 年 6 月	1470	935.2
2016 年 7 月	1542	885.2
2016 年 8 月	651	871.2
2016 年 9 月	469	815.8
2016 年 10 月	336	666.0
2016 年 11 月	427	495.7
2016 年 12 月	571	478.3
2017 年 1 月	520	536.2

例えば、表2は6か月ごとのまとまりの平均を計算している例である。「6か月移動平均」の列について、2016年1月から6月までの6か月の平均値である726.0を2016年4月の行に記載している。このようにエアコンとアイスクリームの売上数について6か月、9か月、12か月、15か月の移動平均を求め、それらの一部をグラフに描いたものが次の⓪〜③である。これらのグラフはそれぞれ順不同である。この中から、12か月移動平均の増減を表していると考えられるグラフを、次の⓪〜③のうちから一つ選べ。　 イ

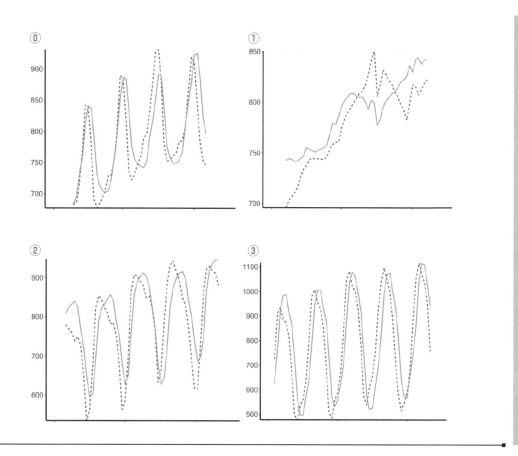

問2 移動平均のグラフ

● イ の解答

　移動平均とは、「その月の前後数か月分の平均値」であると記述されています。ですから、「6か月移動平均」は、最初に「2016年1月から6月までの6か月の平均値である726.0を2016年4月の行に記載している」わけです。

　ということは、「12か月移動平均」は最初に「2016年1月から12月までの12か月の平均値を2016年7月の行に記載」していることになります。

　さて、「6か月移動平均」は前後6か月分ですから、売れている月を含む場合もあれば、売れている月を含まない場合もあり、大きな増減がありそうです。「9か月移動平均」も同様でしょう。

　これに対して「12か月移動平均」は必ず売れている月を含むことになり、「6か月移動平均」や「9か月移動平均」ほど大きな増減はないでしょう。

　「15か月移動平均」はというと、12か月分に3か月分を加えるのですが、この3か月の中に売れている月を含むかどうかにより、やはり増減が大きくなるはずです。

　こういった観点で選択肢を見てみると、⓪と②と③は増減が大きいですが、①だけはあまり増減せず、全体的に右上がりとなっていますので、①が「12か月移動平均」と考えられます。

解答

問2	イ	①

問3 次の文章を読み、空欄 ウ に入れるのに最も適当なものを、後の解答群の①〜③のうちから一つ選べ。

次に花子さんは、より詳細な増減について調べることにした。図1では、エアコンやアイスクリームの売上数は、ある一定期間ごとの繰返しでほぼ変化している傾向があるのではないかという仮説を立て、これが正しいかどうかを確かめるために、まずエアコンの売上台数のデータと、そのデータをnか月だけずらしたデータとの相関係数を求めてみることにした。ずらしたために一方のデータが欠けている箇所については除外して考えた。そのデータについて統計ソフトウェアを用いてグラフにしたものが次の図2である。

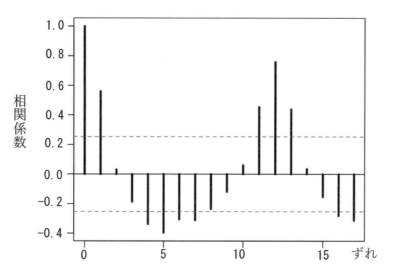

図2 エアコンの売上データをずらした月数とその相関係数

横軸は「ずれ」の月数（n）であり、縦軸は相関係数を表している。例えば、横軸の0のときの値は、エアコンの同じデータ同士の相関係数であるので、明らかに1を示していることが分かる。

図2から、エアコンの売上台数の増減は、おおよそ ウ か月ごとにほぼ同じように変化していると考えることができる。

同様のグラフを作成すると、アイスクリームの売上個数もエアコンと同じ月数ごとに変動していることが分かった。

ウ の解答群

⓪ 2   ① 5   ② 12   ③ 14

問3 nか月ずらしたデータの相関係数

● ウ の解答

各選択肢を吟味してみます。

⓪については、もし2か月ごとにほぼ同じように変化しているのであれば、1か月目と3か月目は同じような相関係数になるはずです。しかし、1か月目の相関係数は0.6弱なのに、3か月目の相関係数は−0.2ほどですから、全く異なります。したがって、正答ではありません。

①については、もし5か月ごとにほぼ同じように変化しているのであれば、1か月目と6か月目は同じような相関係数になるはずです。しかし、1か月目の相関係数は0.6弱なのに、6か月目の相関係数は−0.3ほどですから、全く異なります。したがって、正答ではありません。

②については、もし12か月ごとにほぼ同じように変化しているのであれば、1か月目と13か月目は同じような相関係数になるはずです。1か月目の相関係数は0.6弱で、13か月目の相関係数も0.5ほどですから、似ています。したがって、これが正答です。

③については、もし14か月ごとにほぼ同じように変化しているのであれば、1か月目と15か月目は同じような相関係数になるはずです。しかし、1か月目の相関係数は0.6弱なのに、15か月目の相関係数は−0.1以下ですから、全く異なります。したがって、正答ではありません。

解答

問3	ウ	②

問 4 次にエアコンとアイスクリームの売上数の関係を調べようと考えて、その相関係数を求めると、約0.62であった。しかし、図1を見て、売上のピークが多少ずれていると考えた花子さんは、試しに次の表3のようにエアコンの売上台数のデータを1か月あとにずらして考えてみた。例えば、2016年1月のエアコンの売上台数である434（千台）を2016年2月にずらし、以降の月についても順次1か月ずらしている。このデータをもとに、相関係数を求めてみたところ約0.86となった。なお、ずらしたために一方のデータが欠けている箇所については、除外して相関係数を計算している。

表3　エアコンのデータを1か月ずらした様子

年月	エアコン（千台）	アイス（個）
2016 年 1 月		464
2016 年 2 月	434	397
2016 年 3 月	504	493
2016 年 4 月	769	617
2016 年 5 月	420	890
2016 年 6 月	759	883
2016 年 7 月	1470	1292
2016 年 8 月	1542	1387
2016 年 9 月	651	843
2016 年 10 月	469	621
2016 年 11 月	336	459
2016 年 12 月	427	562
2017 年 1 月	571	489

同様に、エアコンの売上台数のデータをnか月後にずらしたデータとの相関係数を求めてみたところ、次の表4のような結果になった。

表4　エアコンとアイスクリームの売上数のずらした月数と相関係数

ずれ(n)	-3	-2	-1	0	1	2	3
相関係数	-0.45	-0.17	0.21	0.62	0.86	0.70	0.17

このことから考えられることとして、最も適当なものを、次の⓪～④のうちから一つ選べ。
エ

⓪ アイスクリームの売上個数のピークの方が、エアコンの売上台数のピークより1か月早く訪れる。

① エアコンを買った人は、翌月に必ずアイスクリームを購入している。

② アイスクリームが売れたので、その1か月後にエアコンが売れることが分かる。

③ 気温が高いほどエアコンもアイスクリームも売れる。

④ ある月のアイスクリームの売上個数の予測をするとき、その前月のエアコンの売上台数から、ある程度の予測ができる。

問4 相関係数から読み取る

● ［ エ ］の解答

各選択肢を吟味してみます。

⓪については、エアコンのデータを1か月後にずらしたことによって相関係数が大きくなったのですから、エアコンのピークの方が1か月早く訪れるということです。したがって、「アイスクリームの売上個数のピークの方が、エアコンの売上台数のピークより1か月早く訪れる」というのは誤りで、正答ではありません。

①については、「エアコンを買った人」と「アイスクリームを購入した人」の因果に関する情報が何もありません。したがって、「翌月に必ずアイスクリームを購入している」かどうかわからず、正答ではありません。

②については、因果関係についてもわかりません。「アイスクリームが売れたので、その1か月後にエアコンが売れた」のかどうかはわかりません。したがって、正答ではありません。

③については、図1のグラフを見てみると、ピークはいずれも7～8月の夏場に訪れていて、「気温が高いほどエアコンもアイスクリームも売れる」といえます。

しかし、本問は「次の表4のような結果になった。このことから考えられることとして、最も適当なもの」を聞いているのですから、表4から判断しなくてはいけません。すると、表4からは「気温が高い」かどうかはわかりません。したがって、正答ではありません。

④については、エアコンのデータを1か月ずらしたときの相関係数が最大の0.86ですから、エアコンのデータが翌月に反映されているということです。したがって、「ある月のアイスクリームの売上個数の予測をするとき、その前月のエアコンの売上台数から、ある程度の予測ができる」わけで、これが正答です。

解答

| 問4 | ［ エ ］ | ④ |

問5

次の文章を読み、図中の空欄 オ ～ キ に入れるのに最も適当なものを、後の解答群のうちから一つずつ選べ。

花子さんは、情報科の先生から、これらの売上数と他の要素との関係も調べてみてはどうか、という意見をもらった。そこで、K市の同じ時期の月別平均気温と平均湿度のデータを気象庁のサイトから収集し、これらのデータを合わせて、統計ソフトウェアで図3のような図を作成した。（これを散布図・相関行列という。）図3の左下の部分は相関係数、右上の部分は散布図、左上から右下への対角線の部分はそれぞれの項目のヒストグラムを表している。

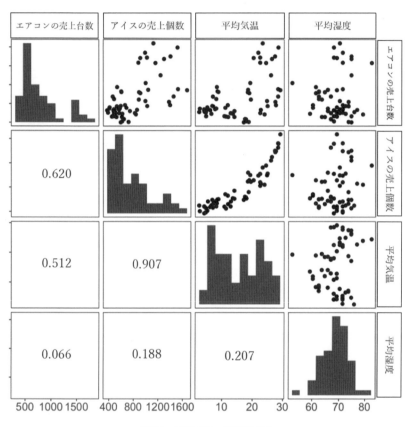

図3　散布図・相関行列

図3から花子さんは、次の図4のような関係図を作成した。図中の実線の矢印の向きは、ある項目への影響を表している。また、矢印の線の太さは相関係数の絶対値が0.7以上を太い線で、0.7未満を細い線で表し、その相関の強さを示している。

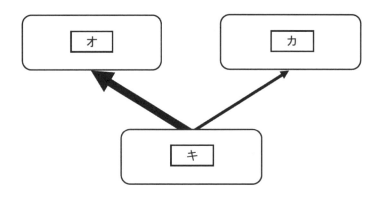

図4　項目間の相関と影響を表した図

花子さんは、これらの結果をまとめて、「情報Ⅰ」の課題レポートを作成した。

　　オ　～　キ　の解答群
　　⓪　エアコンの売上台数　　　　　①　アイスクリームの売上個数
　　②　平均気温　　　　　　　　　　③　平均湿度

問5 散布図・相関行列

● 図3の意味

図3の上辺は、各グラフ・相関係数の横軸を示します。同様に、右辺は各グラフ・相関係数の縦軸を示します。したがって、各グラフ・相関係数の意味を書くと、次の図のようになります。それぞれの行と列は図3に対応します。便宜上、番号を振ってあります。

図3.1　散布図・相関行列の意味

● オ ～ キ の解答

さて、図4の太い矢印は、「相関係数の絶対値が0.7以上を太い線」で表しているのですが、図3の相関係数を見てみると、相関係数の絶対値が0.7を超えているのは0.907だけしかありません。これは、図3.1の(10)からわかるようにアイスの売上個数と平均気温との相関係数です。したがって、 オ と キ はどちらかがアイスの売上個数で、どちらかが平均気温ですが、平均気温は自然現象ですから結果にはなり得ません。すると、平均気温が原因でアイスの売上個数が結果です。そして、「矢印の向きは、ある項目への影響を表している」のですから、

「平均気温が原因で結果としてアイスの売上個数に影響した」

ということになります。すると、 オ がアイスの売上個数の①で、 キ が平均気温の②であることがわかります。

カ については、 キ の平均気温から影響を受けているものになりますが、平均気温との相関係数で次に値が大きいのは、図3.1の(9)の0.512になります。これは確かに0.7未満ですから、細い線になります。これ

133

は、エアコンの売上台数と平均気温との相関係数ですから、⬛カ⬛は⓪のエアコンの売上台数になります。

もっとわかる! 覚えておきたい情報I用語200

情報Iの問題を解く上で必要な関連用語を200ピックアップしました。これらの用語を押さえつつ問題を解くことで、より実力アップを図れます。また、この用語は特典の「情報I用語暗記帳200」でも学習できます。

1 2進数

0と1の2種類の数字だけで表現する数。機械と相性が良い。

2 2段階認証

IDとパスワードによる通常の認証に加え、スマートフォンに送ったコードを入力させるなどの2段階の認証方法。セキュリティが高まる。

3 3Dプリンタ

スリーディ(Dimension)プリンタ。立体物を造形するプリンタ。

4 AI

Artificial Intelligence。人工知能。コンピュータを用いて、人間の知的な能力を実現しようとするもの。

5 AND

アンド。論理積といい、「および」「かつ」の意味。2つの入力のうち両方が1のときのみ出力が1で、それ以外の場合の出力は0になる。

6 Android

アンドロイド。スマートフォンやタブレット端末用のOS。Googleが開発。

7 AR

Augmented Reality。拡張現実。スマートフォンなどのカメラ画面の中にアニメーションを表示する技術。例えば、ポケモンGO。

8 BIOS

Basic Input/Output System。バイオス。パソコンでOSが起動する前に働くプログラム。基本的な入出力を設定する。

9 BOT

Robot(ロボット)の略。プログラムの一種で、作業をロボットのように自動化する。

10 Bluetooth

ブルートゥース。スマートフォンなどの近距離無線通信規格の一つ。電波により、数メートル～数十メートルの範囲で通信を行う。

11 BYOD

Bring Your Own Deviceの略。ビーワイオーディ。私的デバイスの活用。自分のデジタル機器を職場に持ち込んで活用すること。

12 CMYK

シーエムワイケイ。プリンタで使われる基本の色。C(シアン、青)、M(マゼンタ、赤)、Y(イエロー、黄)の色の3原色にK(ブラック、黒)を加えたもの。なお、KはKuroではなく、Key PlateのKである。

13 CPRM

Content Protection for Recordable Media。シーピーアールエム。コピー制御方式の一つで、1世代だけ録画を可能とする技術(コピーワンス、Copy Once)。

14 CPU

Central Processing Unit。シーピーユー。中央演算処理装置。コンピュータの中で人間の頭脳に相当するもの。スマートフォンにも搭載されている。

15 DBMS

DataBase Management System。ディービーエムエス。データベース管理システム。データベースを管理・操作するためのソフトウェア。

16 DMZ

DeMilitarized Zone。ディーエムゼット。非武装地帯。社内ネットワークとインターネットとの中間に設けられる、両方からファイアウォールで隔離された領域。社内ネットワークのセキュリティが高まる。

17 DNS

Domain Name System。ディーエヌエス。ドメインネームシステム。インターネット上の住所は数字であるが、人間にはわかりにくいのでドメイン名を使っている。両者の関連付けを行うのがDNS。

18 DoS攻撃

Denial of Service Attack。ディーオーエス攻撃、またはドス攻撃。システムに大量のデータなどを送り付け、正常に稼働できないようにする攻撃。

19 DPI

Dot Per Inch。ディーピーアイ。プリンタなどの解像度の単位で、1インチ(2.54cm)当たりの点(ドット)の数を表す。多い方が奇麗。

20 DRAM

Dynamic Random Access Memory。ダイナミックラム。RAM(自由に書き換え可能だが、通電しないと内容が失われる揮発性のメモリ)のうち、繰り返してデータを書き直すリフレッシュ(Refresh)が必要なRAM。必要ないのはSRAM。低速だが値段も安く、メインメモリに使われる。

21 DRM

Digital Rights Management。ディーアールエム。デジタル著作権管理。デジタルデータの著作権を管理する技術の総称。

22 DX

Digital Transformation。ディーエックス。デジタルトランスフォーメーション。デジタル技術のより一層の進展により、私たちの暮らしから社会の仕組みまでを抜本的に変革すること。

23 EC

Electronic Commerce。イーコマース。電子商取引。パソコンやスマートフォンなどのデジタル機器を用いて行う商取引。楽天やアマゾンなど。

24 eKYC

electronic Know Your Customer。イーケイワイシー。本人確認を、アナログな書類を持って窓口に出向くことなく、デジタル機器で行うこと。スマートフォン一つあればできてしまう。

25 ESSID

Extended Service Set Identifier。イーエスエスアイディ。Wi-Fiに代表される無線LANのアクセスポイント(及び無線ネットワーク)の識別名。

26 e-ラーニング

electronic Learning。パソコンやスマートフォンを使って行う学習。

27 FTTH

Fiber To The Home。エフティーティーエイチ。光ファイバーを使った通信のこと。

28 GPS

Global Positioning System。ジーピーエス。全地球測位システム。人工衛星を使って、地球上のどの位置にいるかを割り出すシステム。スマホのナビにも使われる。

29 HDMI

High-Definition Multimedia Interface。エイチディーエムアイ。デジタル信号のインターフェース規格の一つで、映像と音声を1本のケーブルで伝送する。パソコンとテレビをつなぐこともできる。

30 HTTPS

Hypertext Transfer Protocol Secure。エイチ ティーティーピーエス。Webのデータを転送するプロトコルであるHTTPを暗号化してセキュリティを高めたもの。

31 ID

Identity。世界中で唯一無二(一意という)の個人を識別する符号。最近では、メールアドレスが使われることが多い。

32 IEEE

Institute of Electrical and Electronic Engineers。アイトリプルイー。世界最大の電気・電子の専門家組織。無線LANなど様々な規格を定めている。

33 IF

イフ。多くのプログラミング言語で用いられている、「もし～ならば」を意味する文。

34 IMAP4

Internet Message Access Protocol version 4。アイ

マップフォー。電子メールを受信するプロトコルの一つ。メールをサーバ上に残したままにするので、複数の機器で受信できる。

35 IoT

Internet of Things。アイオーティー。モノのインターネット。あらゆるモノをインターネットにつなぎ、情報を共有する技術。

36 IPv6

アイピーブイシックス。既存のIPアドレス(IPv4)は2進数32ビットで約43億とおりしかないが、これを128ビットに拡張したもの。43億の4倍ではなく4乗倍なので、ほぼ無限。

37 IPアドレス

アイピーアドレス。インターネット上の住所(Address)に相当するもの。IPはInternet Protocolの略。

38 IrDA

Infrared Data Association。アイアールディーエー。近距離データ通信技術のうち、赤外線を用いた規格。

39 ISP

Internet Service Provider。アイエスピー。インターネット接続事業者。インターネットへの接続を仲介してくれる。

40 LAN

Local Area Network。ラン。一つの建物内や組織(高校など)内でのみ有効な(狭い範囲の)ネットワーク。

41 LPWA

Low Power Wide Area。エルピーダブリューエイ。低消費電力でありながら、最大数十kmをカバーできる広域無線通信技術。IoTで使われる。

42 MACアドレス

Media Access Control Address。マックアドレス。世界中のネットワーク機器に対して一意になるように定められた番号。パソコンのマックとは無関係。

43 MVNO

Mobile Virtual Network Operator。エムブイエヌオー。仮想移動体通信事業者。自前の通信回線網を持たずに、借りた回線でありながら自社ブランドで運営する事業者。

楽天モバイルやUQなど。

44 NFC

Near Field Communication。エヌエフシー。近距離無線通信。特殊なICチップによる非接触の近距離無線通信技術。スマートフォンやICカード(Suicaなど)で使われている。

45 NOT

ノット。否定。「～でない」の意味。入力が0なら出力は1、入力が1なら出力は0というように、出力を反転させること。

46 OR

オア。論理和。「または」の意味。2つの入力のうち片方でも1なら(両方でもよい)出力が1で、両方0の場合にのみ出力は0になる。

47 OS

Operating System。オーエス。基本ソフト。ハードウェア(機械)とアプリケーションソフトの間にあり、アプリの要求に応じてハードウェアを操作する。パソコン用にはWindowsが最も有名だが、スマートフォン用にはAndroidやiOSなどがある。

48 OSS

Open Source Software。オーエスエス。著作権を主張せずにソースコードを公開し、修正や再配布を可能としているソフトウェア。

49 P2P

Peer To Peerの略。ピーツーピー。Peerは対等の者を意味し、コンピュータ同士が対等の関係で通信する仕組み。2はToと発音が同じであることからくるダジャレ。

50 PCM方式

Pulse Code Modulation。ピーシーエム。パルス符号変調。アナログ信号をデジタル信号に変換する方式の一つ。

51 POP3

Post Office Protocol version 3。ポップスリー。電子メールを受信するプロトコルの一つ。メールをサーバ上に残したままにせず、直ちにダウンロードする。

52 QRコード

Quick Response Code。キューアールコード。正方形の2次元コード。スマートフォンで読み取る。

53 RAID

Redundant Arrays of Inexpensive Disks。レイド。複数のハードディスクを組み合わせ、信頼性と高速性を増す技術。

54 RAM

Random Access Memory。ラム。自由に読み書きできるメモリ。自由でないのはROM。RAMにはDRAMとSRAMがある。

55 RFID

Radio Frequency Identification。アール エフ アイ ディー。電波によりICタグの情報をやり取りする仕組み。ICタグの例としては、万引き防止タグなどがある。

56 RGB

アールジービー。ディスプレイで使われる色のことで、光の三原色。R（Red、赤）、G（Green、緑）、B（Blue、青）。

57 ROM

Read Only Memory。ロム。読み出し専用メモリ。RAMと異なり、原則として読み出ししかできないメモリ。特殊な方法により、書き込むことができるものもある。電源供給がなくても内容を保持できる不揮発性。

58 RPA

Robotic Process Automation。アールピーエイ。事務作業などの業務プロセスを自動化する技術。Roboticとなっているが人間の形をしたロボットではなく、ソフトウェアである。

59 S/MIME

Secure MIME。エスマイム。もともと文字の送受信しかできなかった電子メールに音声や動画を扱えるようにした規格がMIME（Multipurpose Internet Mail Extension）であるが、これを暗号化してセキュリティを高めたもの。

60 SDGs

Sustainable Development Goals。エスディージーズ。持続可能な開発目標。持続可能な開発のための目標で、「気候変動に具体的な対策を」など17ある。

61 SMTP

Simple Mail Transfer Protocol。エスエムティーピー。電子メールを送信・転送するプロトコル。

62 SNS

Social Networking Service。エスエヌエス。インターネット上で社会的ネットワーク（Social Network）を構築するための仕組み。LINEやFacebookやTwitterなど。

63 SRAM

Static Random Access Memory。エスラム。RAMのうち、リフレッシュを必要としない方。高価だが高速で、キャッシュメモリに使われる。

64 SSD

Solid State Drive。エスエスディー。USBメモリと同じフラッシュメモリを用いた記憶装置。ハードディスクより高速だが、高価。

65 SSL/TLS

Secure Socket Layer/Transport Layer Security。エスエスエルティーエルエス。インターネットでセキュリティを高めるためのプロトコル。SSLが進化してTLSになった。

66 TCP/IP

Transmission Control Protocol/Internet Protocol。ティーシーピーアイピー。インターネットで使われているプロトコル。

67 Unicode

ユニコード。世界中の文字を一つにまとめた文字コード（番号）。昔は国やメーカーで別々の文字コードが使われていて互換性がなかったが、それを一つにまとめたもの。

68 URL

Uniform Resource Locator。ユーアールエル。Webサイトの場所を示す文字列。俗にいう、ホームページアドレス。

69 USB

Universal Serial Bus。ユーエスビー。パソコンと周辺機器を接続するシリアルバスの規格。

70 VPN

Virtual Private Network。ブイピーエヌ。仮想プライベー

トネットワーク。公衆回線を用いながら、専用回線のように見せかける技術。セキュリティが高い。

71 VR

Virtual Reality。ブイアール。仮想現実。特殊なゴーグルを付けることにより、コンピュータが作り出すグラフィックスの世界に入っていける技術。

72 WAN

Wide Area Network。ワン。LANが狭い範囲のネットワークであるのに対して、全国規模の広い範囲のネットワーク。

73 Wi-Fi

ワイファイ。無線LANの国際標準規格であるIEEE802.11に準拠していることを示すブランド名。

74 アクセスポイント

Access Point。Wi-Fiなどの無線LANで、パソコンやスマートフォンなどをインターネットに接続するための機器。

75 圧縮

特殊な方法で、データのサイズを小さくすること。元に戻すことを展開（または解凍）という。

76 アップデート

Update。ソフトウェアを最新の状態に更新すること。

77 アナログ

Analogue。連続量。1と2の間には、1.4や1.5という小数があり、その間には1.43や1.44という小数があり、そのまた間には…と連続して続いていく量。

78 アプリケーションソフト

Application Software。応用ソフト、アプリ。OSの上で動く私たちが直接操作するソフト。Microsoft社のWordやExcelなど。

79 アルゴリズム

Algorithm。解法。数学の解答にも別解があるように、ある問題を解決するには複数のやり方がある。その一つひとつを「アルゴリズムが異なる」という。

80 暗号化

データの内容を、一見しただけでは中身がわからないように変換すること。元に戻すことを復号といい、いずれにも特殊な鍵が必要となる。

81 意匠権

意匠とはデザイン（Design）のことで、デザインを法律的に保護する権利のこと。

82 インシデント

Incident。アクシデント（Accident）より軽微な事件。情報セキュリティを脅かすもの。

83 インターネット

Internet。世界中のLANやコンピュータをつなぎ合わせたネットワーク。具体的に「ここにある」ということができないので、雲になぞらえてクラウド（Cloud）ともいう。

84 インターフェース

Interface。主にヒューマンインターフェースのこと。情報機器と人間との接続部分（境界面）のこと。

85 ウイルス対策ソフト

パソコンにインストールしておき、ウイルスを発見・駆除するソフトウェア。

86 オブジェクト指向

Object指向。プログラムのデータとそれに関する処理を一つ（オブジェクト）にまとめて管理すること。プログラムの再利用性や生産性が高まる。

87 回線交換方式

例えば電話なら、2台の電話で1本の通信回線を独占して使う方式。他の機器は入ってこられないので通信品質は良いが、効率が悪い。現在はパケット交換方式が主流。

88 解像度

ある距離の間の画素の細かさのこと。プリンタならDPI（Dot Per Inch）という、1インチ（2.54cm）当たりのドット数で表す。

89 可逆圧縮

圧縮方法のうち、完全に元通りに戻すことができる方法。完全には元に戻せないのを非可逆圧縮という。

90　拡張子

ファイル名の後に「.（ドット、Dot）」で区切られて続くファイルの種類を示す識別のための文字列。Wordファイルなら「.docx」、Excelファイルなら「.xlsx」。

91　画素

英語ではピクセル（Pixel）。ディスプレイは点の集まりで構成されているが、その一つひとつの点のこと。

92　稼働率

あるシステムが、全運転時間（普通は24時間）において故障せずに正常に稼働している時間の割合。高い方が良い。

93　加法混色

光の三原色（RGB）を使って色を表現する方法。全て混ぜると白、全く混ぜないと黒。

94　可用性

使用することが可能である性質。つまり、停止せずに稼働し続けていること。

95　関数

一定の決まりきった処理。例えば、電卓の $\sqrt{}$ キーは平方根を返す関数である。プログラミング言語では入力や出力も関数で行っている場合もあり、自分で定義することもできる。

96　完全性

データが完全であることを示す性質。故意・過失によらずデータが改変されると、完全性が失われる。

97　揮発性メモリ

電力供給がなくなると、記憶内容が失われるメモリ。RAMが揮発性。

98　基本4情報

住所・氏名・生年月日・性別の、個人情報（個人を特定できる情報）の基本。

99　機密性

正式な権利のある人だけが、データにアクセスできる性質。正式な権利のない人がアクセスすると、機密性が失われる。

100　キャッシュメモリ

Cache Memory。高速なCPUと低速なメインメモリとの間にあり、両者の速度の差を埋めるために使われるメモリ。SRAMでできている。Cacheは現金（cash）ではなく、貯蔵所。

101　キュー

Queue。順番待ちの列。データが先入れ先出しで取り出される仕組み。

102　共通鍵暗号方式

暗号方式のうち、暗号化も復号も共通の（同じ）鍵を使う方式。スピードは速いが、鍵を盗まれないように管理することに難点がある。

103　共分散

大きさが同じデータX、Yでそれぞれの平均値との差を取ったもの（偏差）の積を平均したものである。

104　クライアント

Client。直訳すると「顧客」。クライアントサーバシステムにおいて、サーバに対してサービスを要求し、結果を受け取る側。つまり、私たち。

105　クライアントサーバシステム

Client Server System。クライアント（サービスを受け取る側）とサーバ（サービスを返す側）とで構成されるシステム。

106　クラッキング

Cracking。コンピュータの不正利用のこと。破壊や改ざんなども含まれる。

107　クロック周波数

Clock Pulse。コンピュータの各装置のタイミングを取るための信号。原則として大きい方が高速。

108　検疫ネットワーク

外部から持ち込むパソコンなどのセキュリティを確認するための試験的なネットワーク。

109　検索エンジン

検索のために使うソフトウェア。GoogleやYahoo !など。

110　減法混色

色の三原色（CMY）を使って色を表現する方法。全て混

ぜると黒、全く混ぜないと白。

111　公開鍵暗号方式

暗号方式のうち、暗号化には公開鍵、復号には秘密鍵という別々の鍵を使う方式。一方の鍵で暗号化したものは他方の鍵でしか復号できないため、秘密鍵さえしっかり管理しておけばよいが、スピードは遅い。

112　コンピュータウイルス

Computer Virus。コンピュータを不正利用する悪意に満ちたソフトウェア。

113　サーバ

Server。クライアントサーバシステムにおいて、クライアントから要求を受け取り、結果を返す側。

114　サイバー攻撃

Cyber-Terrorism。コンピュータやシステムに対する攻撃の総称。

115　産業財産権

特許権、実用新案権、意匠権、商標権の4つの権利のこと。いずれも特許庁に出願し、登録されなければならない。著作権と産業財産権を合わせて知的財産権という。

116　算術演算子

＋ー＊(×のこと)／(÷のこと)などの、計算を行う記号。

117　散布図

横軸と縦軸に対応したデータを打ち(プロットし)、2つのデータの間の関係を見る図。

118　実用新案権

産業財産権のうち、特許ほど高度な発明ではないけれど、役に立つ構造や組み合わせなどの権利。

119　シミュレーション

Simulation。模擬実験。実際に実験するのではなく、コンピュータを用いて計算で行う実験。高速化と低コスト化が可能。

120　射影

関係データベースにおいて、特定のフィールド(縦の列)を抜き出すこと。

121　順次構造

構造化プログラミングのうち、上から下へと一つずつ順番通りに処理する構造。

122　商標権

産業財産権のうち、ロゴマークや文字などの権利。

123　情報セキュリティ

Information Security。コンピュータやシステムの安全。

124　シンクライアント

Thin Client。Thinは「薄い」。クライアント端末(ユーザの端末)には必要最小限の機能だけを持たせ、ほとんどの処理をインターネットで行う技術、またはその端末のこと。盗まれても情報が入っていないので安全。

125　シングルサインオン

Single Sign-On。一度のサインオンにより、複数のシステムにサインオンできる機能。IDやパスワードの入力の手間が省ける。

126　真理値表

AND、OR、NOTなどの入力と出力の関係を一覧にした表。

127　スタック

stack。直訳すると「積み重ね」。後入れ先出しによってデータを出し入れする仕組み。

128　スパイウェア

Spyware。スパイとソフトウェアを組み合わせた造語。ユーザのパソコンに忍び込んで情報を盗んでいくソフトウェア。

129　スパムメール

Spam Mail。宣伝などの迷惑メール。

130　セキュリティホール

Security Hall。ソフトウェアの安全上の欠陥。パッチ(修正プログラム)により直す。

131　ゼロデイ攻撃

Zero Day Attack。セキュリティホールが発見されてからパッチが適用されるまでの短い時間を突いた攻撃。

132 全加算器

半加算器と同じように1桁の2進数の加算を行う回路。次の桁への繰り上がりだけでなく、自分より下の桁からの繰り上がりもある。

133 選択

関係データベースにおいて、特定のレコード(横の行)を抜き出すこと。

134 相関係数

散布図のX(横軸)とY(縦軸)との関係の強さ弱さを示す数値。絶対値が1に近い方が関係が強い。

135 ソフトウェア

Software。コンピュータにおいて、ハードウェア(機械・装置)を操作するための命令書。

136 ダイバーシティ

Diversity。多様性。人種、性別、年齢などが多様であること。

137 チェックディジット

Check Digit。検査数字。例えばバーコードの末尾の数字など、読み取りに誤りがないかどうかを調べるための数字。

138 知的財産権

著作権と産業財産権(特許権、実用新案権、意匠権、商標権)を合わせたもの。

139 チャットボット

Chat Bot。会話とロボットを合体させた造語。人間の質問に即座に答えるAI(人工知能)の一種。

140 中央値

データを大きさの順に並べたときに中央に来る値。データの個数が偶数のときは、中央の2つの値の平均値。メジアン(Median)。

141 著作権

小説や映画・写真・動画などの著作物を勝手に利用されない権利。産業財産権とは異なって特許庁に出願する必要はなく、作成と同時に自然発生する。

142 データベース

Database。データを整理して集めたもの。例えば住所録。いくつかの種類があるが、関係データベースが最もよく使われる。

143 データマイニング

Data Mining。大量のデータを分析して規則性を見つけ出すこと。

144 テーブル

Table。関係データベースにおける、表のこと。

145 ディープラーニング

Deep Learning。深層学習。AIの学習方法の一つで、人間の脳の神経回路を真似て高度な学習を可能にしている。

146 デジタル

Digital。不連続量。指を折って数えるときは親指と人差し指の間には何もないが、このように連続していない量。

147 デジタル・ディバイド

Digital Divide。情報格差。例えば、若い人と高齢者ではIT(Information Technology＝情報技術)機器の使い方に差があるが、これによって生じる様々な格差。

148 デジタル・フォレンジクス

Digital Forensics。IT機器を対象とする科学捜査。裁判の証拠を見つけ出す。

149 デバイスドライバ

Device Driver。周辺機器を操作するためのソフトウェア。

150 デバッグ

Debug。プログラム上の間違いをバグといい、それを見つけ出して修正するのがデバッグ。

151 デファクトスタンダード

De Facto Standard。事実上の標準。正式に決めた基準ではなく、皆が使うことで標準のようになっているもの。例えば、Windowsなど。

152 展開

圧縮して小さくしたデータを元の状態に戻すこと。

153 特許権

産業財産権のうち、自然法則を利用した高度な発明。

154 ネットワーク

Network。直訳すると「網」。複数のコンピュータを接続して、網の目のような構造にしたもの。

155 ハードウェア

Hardware。直訳すると「金属製品」。コンピュータを構成するもののうち、ディスプレイやマウスなど、ソフトウェアとは違って直接手で触れられる硬いもの。

156 バイオメトリクス認証

Biometrics認証。生体認証。人間の体の一部などを用いた認証。

157 排他制御

データベースを扱うときに、一人がデータを修正中に他者が同じデータを修正しようとすると、整合性が取れなくなる。そうならないように、他者のアクセスを禁止すること。

158 バイト

Byte。情報の最小単位であるビット（2進数の1桁で0か1）を8つまとめたもの。実際には、メガバイトやギガバイトなどが使われる。なお、ByteはBite（一噛み）をもじって作った造語。

159 配列

データの入れ物である変数を順番に並べ、添え字という番号で管理できるようにしたもの。

160 バグ

Bug。直訳すると「虫」。プログラム上の誤り。

161 パケット

Packet。直訳すると「小包」。データを送受信しやすいように分割したもの。

162 パケット交換方式

パケットでデータを送受信する方式。分割されたパケットは、別々のルートをたどってもよく、最後に順番に並べ替えられて元通りになる。

163 箱ひげ図

データの範囲を長方形の箱で表現し、最小値と最大値をヒゲで表したもの。四分位数も書かれる。

164 ハブ

Hub。集線装置。例えば、1台のプリンタを複数のパソコンがLANケーブルで共有するとき、そのケーブルを差し込む装置。

165 半加算器

CPUを構成する部品のうち、1桁の2進数の加算を行う回路。次の桁への繰り上がりはあるが、自分より下の桁からの繰り上がりはないので、一番下の桁にのみ使う。

166 反復構造

構造化プログラミングのうち、条件に従って同じ範囲を繰り返す構造。

167 非可逆圧縮

圧縮方法のうち、完全に元通りに戻すことができない方法。その代わり効率は良い。完全に元に戻せるのを可逆圧縮という。

168 比較演算子

＜、＞、＝など、2つの値や式を比較するのに使う記号。

169 引数

プログラム中で、呼び出し元のプログラムから関数に引き渡す値（データ）。

170 ピクセル

Pixel。コンピュータの画面は点の集まりでできているが、その点のこと。

171 ビッグデータ

Big Data。今までの常識を超える、様々な方法で集められた膨大なデータ。

172 ビット

情報の最小単位であり、2進数の1桁で0か1。Binary Digitの略。

173 ビヘイビア法

Behavior Method。振る舞い検知。コンピュータウイルスを検知するために、その行動を監視し、不審な動きをチェックする方法。

174 表計算ソフト

行と列で表されるセルの中にデータを入れ、計算やグラフ表示などを行うソフトウェア。Microsoft社のExcelが有名。

175 標準偏差

データのバラつき具合を示す数値。値が大きいほど、バラつきも大きい。

176 標本化

アナログ信号をデジタル信号に変換するときに行われる処理で、アナログ信号を一定の間隔で区切って値を求める操作。

177 ファイアウォール

Firewall。直訳すると「防火壁」。内部ネットワークとインターネットの境界に配置し、不正アクセスを防ぐハードウェアやソフトウェア。

178 フィールド

Field。列。関係データベースにおける、縦の一列のこと。

179 復号

暗号化したデータを元に戻す操作。

180 符号化

アナログ信号をデジタル信号に変換するときに行われる処理で、デジタル信号を2進数に直す操作。

181 プラグアンドプレイ

Plug And Play。パソコンに周辺機器などを接続(プラグ)するだけで、面倒な設定を自動で行ってくれる(プレイ)機能。

182 フローチャート

Flow Chart。流れ図。処理の手順を一定の図で表したもの。

183 プログラミング

Programming。コンピュータへの指示書であるプログラムを作成すること。

184 プログラム

Program。コンピュータへの指示書。人間に理解できるプログラミング言語で記述したものは、ソースコード(Source Code)という。コンピュータに実行させるときは2進数に変換する。

185 プロトコル

Protocol。約束事。コンピュータの世界は0と1の2進数しか出てこないので、そのままでは何を意味しているのかわからない。そこで、データの区切りなどを定めたもの。

186 分岐構造

構造化プログラミングのうち、条件によって枝分かれする構造。

187 分散

データのバラつき具合を示す数値で、分散の平方根が標準偏差。

188 偏差

データの個々の値と平均値との差。

189 変数

データの入れ物。実体はメインメモリにあるが、プログラム中では自由に決められる名前で区別する。

190 メインメモリ

Main Memory。主記憶装置。CPUの外側にある記憶装置。画面に表示されるデータやアプリはここに置かれる。

191 文字コード

一つひとつの文字に割り当てられた番号。

192 戻り値

プログラム中で、関数の処理が終わり、呼び出し元のプログラムに戻される値。

193 ユーザビリティ

Usability。使いやすさ。

194 ユニバーサルデザイン

Universal Design。国籍、年齢、性別などに関係なく、全ての人が使えるように設計すること。

195 乱数

不規則に出現する数。例えば、サイコロの出目。

196 リテラシー

Literacy。基礎的能力。例えば、昔は読み・書き・そろばんがリテラシーであった。

197 量子化

アナログ信号をデジタル信号に変換するときに行われる処理で、標本化で得た値をデジタル値にすること。

198 ルータ

Router。中継装置。LANとLANをつなぐ機器。

199 レコード

Record。関係データベースにおいて、横1行のこと。

200 ワンタイムパスワード

One Time Password。一度しか使えないパスワード。盗まれても二度と使えないので安心である。

解答一覧

第1章 サンプル問題

●第1問

問1	ア・イ ② ③（順不同）		ウ ③	エ ③
問2	オ ①	カ ⑤	キ ②	
問3	ク ⓪	ケ ①	コ ⓪	
問4	サ ⑧	シ ①	ス ⑥	セ ①	ソ ⑧

●第2問

問1	ア ③	イ ⑧	ウ ⓑ						
問2	エ ⓑ	オ ⑨	カ ⑨	キ ⑨	ク ⑦	ケ ①	コ ②	サ ②	シ ②	ス ③
問3	セ ②	ソ ②	タ ③	チ ⑧	ツ ⓪	テ ⓪			

●第3問

問1	ア・イ ⓪ ③（順不同）		ウ ③	エ ②
問2	オ ①	カ ⑥	キ ④	ク ⑤	ケ ⑥

問3	コ・サ ⓪ ③（順不同）			
問4	シ ③	ス ④	セ ⑦	ソ ⑤

第2章 試作問題

●第1問

問1	ア・イ ① ④（順不同）		ウ ③
問2	エ ①	オ ①	

問3	カ ⓪	キ ②	ク ①
問4	ケ ⓪	コ・サ ③ ④（順不同）	

●第2問

A	問1	ア ③			
	問2	イ ②			
	問3	ウ・エ ① ④（順不同）			
	問4	オ ②	カ ⓪	キ ③	ク ①

B	問1	ケ ⑧	コ ④	サ ①	シ ③
	問2	ス ①			
	問3	セ ⓪			

●第3問

問1	ア ⑥	イ ⓪	ウ・エ ② ①（順不同）			
問2	オ ②	カ ③	キ ①	ク ①	ケ ⓪	コ ①
問3	サ ③	シ ⓪	ス・セ ⓪ ②（順不同）		ソ ⓪	タ ①

●第4問

問1	ア ①
問2	イ ②
問3	ウ ⓪

問4	エ ②		
問5	オ ②	カ ①	キ ①

第3章 参考問題

●第4問

問1	ア ②
問2	イ ①
問3	ウ ②

問4	エ ④		
問5	オ ①	カ ⓪	キ ②

146

答案用紙

※本ページをコピー、または PDF を【ダウンロード→印刷】してご利用ください。ダウンロードについては目次ページをご確認ください。

第1章 サンプル問題

●第1問

問1	ア	⓪ ① ② ③ ④
	イ	⓪ ① ② ③ ④
	ウ	⓪ ① ② ③
	エ	⓪ ① ② ③

問2	オ	⓪ ① ② ③ ④ ⑤
	カ	⓪ ① ② ③ ④ ⑤
	キ	⓪ ① ② ③ ④ ⑤

問3	ク	⓪ ① ② ③
	ケ	⓪ ① ② ③
	コ	⓪ ① ② ③

問4	サ	⓪ ① ② ③ ④ ⑤ ⑥ ⑦ ⑧ ⑨
	シ	⓪ ① ② ③ ④ ⑤ ⑥ ⑦ ⑧ ⑨ *2
	ス	⓪ ① ② ③ ④ ⑤ ⑥ ⑦ ⑧ ⑨ *2
	セ	⓪ ① ② ③ ④ ⑤ ⑥ ⑦ ⑧ ⑨ *2
	ソ	⓪ ① ② ③ ④ ⑤ ⑥ ⑦ ⑧ ⑨ *2

●第2問

問1	ア	⓪ ① ② ③ ④ ⑤ ⑥ ⑦ ⑧ ⑨ ⓐ ⓑ
	イ	⓪ ① ② ③ ④ ⑤ ⑥ ⑦ ⑧ ⑨ ⓐ ⓑ *2
	ウ	⓪ ① ② ③ ④ ⑤ ⑥ ⑦ ⑧ ⑨ ⓐ ⓑ *2

問2	エ	⓪ ① ② ③ ④ ⑤ ⑥ ⑦ ⑧ ⑨ ⓐ ⓑ	ケ	⓪ ① ② ③ ④ ⑤ ⑥ ⑦ ⑧ ⑨ ⓐ ⓑ
	オ	⓪ ① ② ③ ④ ⑤ ⑥ ⑦ ⑧ ⑨ ⓐ ⓑ	コ	⓪ ① ② ③ ④ ⑤ ⑥ ⑦ ⑧ ⑨ ⓐ ⓑ
	カ	⓪ ① ② ③ ④ ⑤ ⑥ ⑦ ⑧ ⑨ ⓐ ⓑ	サ	⓪ ① ② ③ ④ ⑤ ⑥ ⑦ ⑧ ⑨ ⓐ ⓑ
	キ	⓪ ① ② ③ ④ ⑤ ⑥ ⑦ ⑧ ⑨ ⓐ ⓑ	シ	⓪ ① ② ③ ④ ⑤ ⑥ ⑦ ⑧ ⑨ ⓐ ⓑ
	ク	⓪ ① ② ③ ④ ⑤ ⑥ ⑦ ⑧ ⑨ ⓐ ⓑ	ス	⓪ ① ② ③ ④ ⑤ ⑥ ⑦ ⑧ ⑨ ⓐ ⓑ

問3	セ	⓪ ① ② ③ ④ ⑤ ⑥ ⑦ ⑧	チ	⓪ ① ② ③ ④ ⑤ ⑥ ⑦ ⑧ *2
	ソ	⓪ ① ② ③ ④ ⑤	ツ	⓪ ① ② *2
	タ	⓪ ① ② ③ ④ ⑤ ⑥ ⑦ ⑧ *2	テ	⓪ ① ② ③ *2

●第3問

問1	ア	⓪ ① ② ③ *2
	イ	⓪ ① ② ③ *2
	ウ	⓪ ① ② ③ ④ ⑤
	エ	⓪ ① ② ③

問2	オ	⓪ ① ② ③ ④ ⑤ ⑥ ⑦ ⑧ ⑨ *2
	カ	⓪ ① ② ③ ④ ⑤ ⑥ ⑦ ⑧ ⑨ *2
	キ	⓪ ① ② ③ ④ ⑤ ⑥ ⑦ ⑧ ⑨
	ク	⓪ ① ② ③ ④ ⑤ ⑥ ⑦ ⑧ ⑨ *2
	ケ	⓪ ① ② ③ ④ ⑤ ⑥ ⑦ ⑧ ⑨ *2

問3	コ	⓪ ① ② ③ ④
	サ	⓪ ① ② ③ ④

問4	シ	⓪ ① ② ③
	ス	⓪ ① ② ③ ④ ⑤ ⑥ ⑦ ⑧ ⑨
	セ	⓪ ① ② ③ ④ ⑤ ⑥ ⑦ ⑧ ⑨ *2
	ソ	⓪ ① ② ③ ④ ⑤ ⑥ ⑦ ⑧ ⑨ *2

第2章 試作問題

●第1問

問1	ア	⓪ ① ② ③ ④ ⑤
	イ	⓪ ① ② ③ ④ ⑤
	ウ	⓪ ① ② ③

問2	エ	⓪ ① ② ③ ④
	オ	⓪ ① ② ③ ④ ⑤

問3	カ	⓪ ① ② ③ ④ ⑤
	キ	⓪ ① ② ③
	ク	⓪ ① ② ③ ④ ⑤

問4	ケ	⓪ ① ② ③ ④	サ	⓪ ① ② ③ ④ ＊1
	コ	⓪ ① ② ③ ④ ＊1		

●第2問

A

問1	ア	⓪ ① ② ③

問2	イ	⓪ ① ② ③

問3	ウ	⓪ ① ② ③ ④ ⑤
	エ	⓪ ① ② ③ ④ ⑤

問4	オ	⓪ ① ② ③ ＊2	キ	⓪ ① ② ③ ＊2
	カ	⓪ ① ② ③ ＊2	ク	⓪ ① ② ③ ＊2

B

問1	ケ	⓪ ① ② ③ ④ ⑤ ⑥ ⑦ ⑧ ⑨
	コ	⓪ ① ② ③ ④ ⑤ ⑥ ⑦ ⑧ ⑨
	サ	⓪ ① ② ③ ④ ⑤ ⑥ ⑦ ⑧ ⑨ ＊2
	シ	⓪ ① ② ③ ④ ⑤ ⑥ ⑦ ⑧ ⑨ ＊2

問2	ス	⓪ ① ② ③

問3	セ	⓪ ① ② ③

●第3問

問1	ア	⓪ ① ② ③ ④ ⑤ ⑥ ⑦ ⑧ ⑨	ウ	⓪ ① ② ③ ＊2
	イ	⓪ ① ② ③	エ	⓪ ① ② ③ ＊2

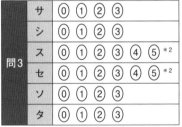

問2	オ	⓪ ① ② ③
	カ	⓪ ① ② ③
	キ	⓪ ① ② ③
	ク	⓪ ① ② ③
	ケ	⓪ ① ② ③
	コ	⓪ ① ② ③

問3	サ	⓪ ① ② ③
	シ	⓪ ① ② ③
	ス	⓪ ① ② ③ ④ ⑤ ＊2
	セ	⓪ ① ② ③ ④ ⑤ ＊2
	ソ	⓪ ① ② ③
	タ	⓪ ① ② ③

●第4問

問1	ア	⓪ ① ② ③

問2	イ	⓪ ① ② ③

問3	ウ	⓪ ① ② ③ ④ ⑤

問4	エ	⓪ ① ② ③

問5	オ	⓪ ① ② ③ ④ ⑤ ⑥ ⑦ ⑧ ⑨
	カ	⓪ ① ② ③ ＊2
	キ	⓪ ① ② ＊2

第3章 参考問題 第4問

●第4問

問1	ア	⓪ ① ② ③

問2	イ	⓪ ① ② ③

問3	ウ	⓪ ① ② ③

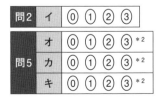

問4	エ	⓪ ① ② ③ ④

問5	オ	⓪ ① ② ③ ＊2
	カ	⓪ ① ② ③ ＊2
	キ	⓪ ① ② ③ ＊2

＊1は、両方正解の場合に3点を与える。ただし、いずれか一方のみ正解の場合は1点を与える。

＊2は、全部正解の場合のみ点を与える。

索 引

● 著者紹介
近藤　孝之（こんどう　たかゆき）
1956年宮城県仙台市生まれ。東北大学工学部卒。専門学校や予備校で、IT関係・一般常識・簿記・販売士をはじめ、公務員試験の数的推理・判断推理、数学と理科（物理・化学・生物・地学）など様々な分野を幅広く教える。現在、東北電子専門学校講師。第一種情報処理技術者。
『要点確認これだけ！ITパスポートポケット○×問題集』、『要点確認これだけ！基本情報技術者【午前】ポケット○×問題集』、『文系のための 基本情報技術者 はじめに読む本』（いずれも技術評論社刊）など著書多数。

著者ホームページ　http://kondousiki.in.coocan.jp/

■ 商品に関する問い合わせ先

このたびは弊社商品をご購入いただきありがとうございます。 本書の内容などに関するお問い合わせは、下記のURLまたは二次元バーコードにある問い合わせフォームからお送りください。

https://book.impress.co.jp/info/

上記フォームがご利用頂けない場合のメールでの問い合わせ先

info@impress.co.jp

※ お問い合わせの際は、書名、ISBN、お名前、お電話番号、メールアドレスに加えて、「該当するページ」と「具体的なご質問内容」「お使いの動作環境」を必ずご明記ください。なお、本書の範囲を超えるご質問にはお答えできないのでご了承ください。

● 電話やFAX等でのご質問には対応しておりません。また、封書でのお問い合わせは回答までに日数をいただく場合があります。あらかじめご了承ください。

● インプレスブックスの本書情報ページ https://book.impress.co.jp/books/1122101180 では、本書のサポート情報や正誤表・訂正情報などを提供しています。あわせてご確認ください。

● 本書の奥付に記載されている初版発行日から3年が経過した場合、もしくは本書で紹介している製品やサービスについて提供会社によるサポートが終了した場合はご質問にお答えできない場合があります。

■ 落丁・乱丁本などの問い合わせ先

FAX　03-6837-5023　service@impress.co.jp

※ 古書店で購入されたものについてはお取り替えできません。

徹底攻略 大学入学共通テスト 情報I問題集
公開サンプル問題・試作問題

2023年6月11日　初版発行
2024年5月 1日　第1版第2刷発行

著　者　近藤 孝之
発行人　小川 亨
編集人　高橋隆志
発行所　株式会社インプレス
　　　　〒101-0051　東京都千代田区神田神保町一丁目105番地
　　　　ホームページ　https://book.impress.co.jp/

印刷所　株式会社暁印刷

ISBN978-4-295-01652-6　C7004

Printed in Japan